草や木のように生きられたら

笑福亭松之助

1990年頃、閉館間近となった「うめだ花月」の高座に上がる笑福亭松之助。「うめだ花月」では1959年の開場当初から「吉本ヴァラエティ」の座員として舞台に上がっていた。

1970年代後半の笑福亭松之助。明石家さんまが入門し、禁酒したころ。

1951～58年に在籍した「宝塚新芸座」で、喜劇を演じる笑福亭松之助。

「ボウル吉本」にて、笑福亭松之助（右）と明石家さんま（左）の師弟が揃ってボウリング。

2008年11月16日、なんばグランド花月で行われた芸能生活60周年記念イベント「よしもとの天然記念物保護の会」。弟子の明石家さんまもお祝いに駆けつけた。

草や木のように生きられたら

もくじ

第一章

人生のこと

新開地で産声をあげる

日本三大遊郭の一つ福原は新開地のすぐ東にありました。

新開地は湊川《みなとがわ》の堤防を埋めてつくった通りです。通りの両側には洋画封切館、邦画封切館、二番館、浪曲の小屋、演芸場に芝居小屋、食堂、百貨店、びっくりぜんさい、料亭が並んでいました。昼過ぎから夜遅くまで人で賑わったのは、すぐ東側に遊郭がありすぐ隣には芸者を呼んでいけるお茶屋があったからでしょう。色街の間を縫うようにカフェーが点在していました。

家は電車道を東西に走っている小道の中ほどの人一人が通れる路地の一角にありました。つきあたりが共同便所で、それに並んで三軒の二階建てがあり、井戸が掘ってあって釣るべ縄が車にさがっている、その一番奥で、わたしは明治生まれの土木建築の父親と、店を持てない髪結いの母親の一人息子として、1925年（大正14年）8月6日の未明に産声をあげました。キリストが生まれた時は、東方から三人の学者がきたといいますが、わたしの家が路地裏だったので探しあぐねて学者は一人もきませんでした。

父親は五十歳で初めて出来た男の子だと喜びましたが、反面、「わが子やなかったら叩き殺してるねんがな」「こいつは親の首に縄をかける奴や」ともいっていたそうです。

それはわたしの生まれ年の干支が三碧木星《さんぺきもくせい》乙丑《きのとうし》だったからです。その干支がなぜ悪いのかの説明はしてくれませんでした。なにか昔の言い伝えをそのまま信じていて受け売りをしたのでしょう。しかしわたしを溺愛することにかけては尋常ではありませんでした。母親には手も触れさせず、自分の生命を継ぐものとして育てたかったのです。

父親は着物の懐に余裕をつくり、その余裕の中にわたしを入れて歩いていました。冬は上半身裸になり、わたしを背負ってねんねこ半纏《はんてん》をその上から纏《まと》いました。仕事から帰ってわたしの顔が見えないと「徳ゥー」と大きな声で呼びながら町内を一回りしました。わたしの顔が見えないと淋しいのか、母親に当たり散らしていました。

母親は播州《ばんしゅう》曽根で蔵のあった家の娘ですが、「麦ご飯」がいやというだけで、神戸に出て来て福原にある髪結いの弟子になったのです。わたしは父親が五十歳、母親が三十歳の時にできた子どもですが、二人がどんないきさつで夫婦になったのかいまだに知りません。父親は結婚離婚を三度ほど繰り返していました。二人はわたしが物心ついた頃にはよく喧嘩をしていました。父親の悪い癖でお膳をひっくり返すのです。楽しいはずの夕食にお膳をひっくり返されると、子供心に淋しい思いをしたものです。

母親は髪結いのお客さんと終始あっちこっちと観光地巡りをし、芝居は三度のご飯よりも好きというので、わたしは小さい時から歌舞伎に馴染んでいました。曾我廼家《そがのや》五郎一座、松竹家庭劇も母親と一緒に見たものです。ですがそんな母親を見て父親は、

「芸人なんて人間の屑のするこっちゃ。まともな人間のするこっちゃない。あいつらは舞台では勧善懲悪を見せてるが、裏へ回ったら、酒と女と博奕《ばくち》、ひどい奴は他人の嫁さんを売り飛ばしよるねんぞ」

と芸人を軽蔑して言っていました。

「活動写真かてそうや。百尺のフイルムのうち、九十尺は悪人が栄えて、あとの十尺で捕まえられて処刑される。あんなもんを見て良い人間のできる訳がない。十尺わるいことをしたら九十尺、苦しむような活動写真やないとあかん」

しかし、わたしの考えは違っていました。

「お父ちゃん、そら勝手な理屈や。悪人が苦しむとこばっかりやったら、お客が見にいかへん、ええ人が悪人に苦しめられているところへ、鞍馬天狗のような人間が助けにくるさかいに、お客は手をたたいて喜ぶのや」

何度そういおうと思ったかわかりません。でもいえませんでした。そんなことをいったらサザエのような拳骨が飛んで来て、

「親のいうことに逆らうな」

といわれるのが、わかっていたからです。一事が万事この調子で、父親のいうことには反対はできませんでした。

しかし、そうはいいながらも父親は若い時に芝居は見飽きするほど見て、演芸もよく見ていたのではないかと思います。芝居のことはなんでもよく知っていましたし、機嫌の良い時には親子三人で大正座へ浪曲を聞きに行ったりしたこともありました。

職人気質だった父

頑固一徹というのは父親のためにある言葉でした。

銭湯に行っても熱い湯が好きで、若い人があまりの熱さに水を入れようとコックに手をかけると、その手を押さえて、

「待てッ、お前の股にぶら下がってるのはなんや、男ならこのくらいの湯に入らんかい」

といって水を入れさせませんでした。若い人は父親の刺青を見て後ろへさがりました。それからは銭湯に父親の姿が見えると、

「アカン、明石のオッサンが来てる。出直してこう」

と踵《きびす》を返すようになっていきました。

父親は明治生まれで、日清・日露の戦いに工兵として参戦、無学ながらに七等と八等の勲章をもらい恩給のついていることを誇りにしていました。その父親の軍隊での話に上の階級の兵士をやり込めたという話があります。その人が威張ってビンタをとったので、便所で待ち伏せして入ってきたときに、銃の先につける短剣（通称ゴンボ剣といいます）を喉首にあてて、

「やいッ、いてもたろか」

と言うと、相手は土下座して謝り、翌日から父親に仕えるような態度に変わったそうです。また、話の真偽のほどは分かりませんが、次のようなものもあります。

「乃木大将と喧嘩した」

というのです。父親の所属の連隊に乃木大将が検閲にきて、窓ガラスの桟に埃の残っているのを指摘したので、父親はむかついて殴りかかろうとしたのを上官に止められたそうです。

父親は乃木大将をして、

「あんな尻の穴の小さい奴はあかんわい」

といっていました。

「ええか、兵隊にいったら死ぬのやから、このくらいの根性がなかったらアカンぞ。喧嘩しても負けるな、負けたら入口にある竹刀で仕返しにいけッ、負けたら承知せんぞ」

その言葉どおり、負けて帰ったら拳骨が飛んできました。家の入口に立ててあった木刀を使ったことはありませんが、喧嘩には負けられません。だからわたしの喧嘩は執拗でした。普通の子供の喧嘩ではありません。近所の人はよく「徳ちゃんのする悪いことは、子供のすることとやない。大人びて性質《たち》が悪い」といっていたものです。

本人の口からはっきりと聞いたわけではありませんが、父親は大阪の生まれのようでした。

1933年（昭和8年）、皇太子（今の天皇）が生まれて全国で奉祝の行事が行われましたときのことです。町内から屋台が出て福原の芸者や幇間《たいこもち》がその中で三味線を弾き太鼓を打って賑やかに練り歩きました。その屋台を子供が引くのですが、わたしは芸者さんに化粧をしてもらいました。硬練りの鬢《びん》付け油を手の中で摩擦しながら柔らかくして塗り、それから粉白粉、顔全体に白粉を塗って眉に眉毛、口紅を塗って仕上がりです。本職の芸者さんに化粧をしてもらったのですから、男前が一段と上がりました。そうして揃いの浴衣で屋台を引くのですが、今度は履物です。よその子供は裏がゴムの足袋を履きましたが、

「ケチくさいことが出来るか、祭りやないか」

父親はそういって、わたしには普通の足袋を履かせ、屋台の行く先へついて回り、足袋が破れたら新しい白足袋と替えるようにしたのです。

神戸にある湊川神社の祭礼の時にも、

「大阪の祭りと比べたら葬式みたいなもんや」

と憎まれ口を叩いていました。

父親の生まれは多分大阪の浄正橋付近ではなかったかと思います。

わたしが小学校へあがる前のことです。

「大阪の友達のところへ行く」

連れて行かれたのは通称が「灰政」という人のところでした。この人の職業は各家の竈《かまど》から出る灰を集めて肥料に売るのです。子供心に「この人も父親と同じ博奕打ちやったんやろ」と思いました。父親は博奕に負けて大阪を逃げ出して神戸へ来たといっていました。

また、五歳の時に家を出て働いたともいっていました。父親の親は大工で貧しい暮らしだったのでしょう。ある時、夕飯に親の前だけに魚があったので、父親が「俺も魚が欲しい」といったら、親は魚の骨を投げつけて「これでも食うとけ」といったそうです。それに腹を立てて家を出て、「どこぞ使ってくれはるお家はありませんか」、そういって町を歩いたそうです。五歳の子供が家を出るなんてとても信じられませんでしたが、この話もよく聞かされました。

それからどんな人生を歩いてきたかはわかりませんが、私が物心つく頃には土木建築の職人をしていました。

誰に使われるというわけではない一匹狼で、自分で借家もちの得意先を持っていました。雨漏りや、壁の塗り替え、庭の漆喰の補修などの仕事をし、わたしの記憶にあるところでは派出所の建物をそのまま移築させたりもしていました。新開地のおおきな料亭「やつこ」の解体も請け負っています。通りのコンクリートをうったりもして、他の人の仕事と比較して「俺の仕事には間違いない」と自慢していました。反面、頑固一徹、偏屈な性分をそのままに、仕事先へいって先方が注文をだすと、

「それならアンタがやりなはれ」

道具を片付けて帰ってくるということもありました。一カ月の生活費が稼げたら、あとは休むという、いまの生活に満足している人間でした。

「人間は……」

これも父親の口癖でした。父親の話にはかならず「人間」という言葉が出てきました。

「人間はバタバタ働くもんやない。その日、一日が暮らせたらそれでええのや。一寸先は闇の世や。先のことは心配してもなんにもならん」

それが父親の哲学でした。

父親はわたしに仕事を継がせるつもりでいました。この仕事をしていたら一生食いはずれがないと思っていたのです。ですから小学校へあがる前から仕事場へ連れていかれました。法被《はっぴ》や丼《どんぶり》腹掛けに地下足袋をあつらえて、法被の背中には丸の中に「徳」という字が入っていました。

仕事場では、
「ド不器用な奴やなぁ、そんなことでは生きていかれんぞ」
とよく怒鳴られもしましたが、「やつこ」の解体作業の時には仕事場でこんなことがありました。「おい掛矢を持ってこい」と一緒に仕事をしていた雇い人にいったのですが、その人は素人で何のことか分からなかったのでしょう、ウロウロしていました。そこでわたしが掛矢を父親のところへ持っていくと、「やっぱり俺の倅や、おい、子供でも知ってるのやぞ」とご機嫌でその人にいっていました。

もちろん、それはわたしにとっても誇らしいことで、わたしも父親の仕事を継ぐものだと思ってそのことに何の抵抗も感じていませんでした。小学校も三年生くらいになると、学校からの帰宅後は仕事場へ行って父親の手伝いをさせられました。父親と一緒になってセメントと砂を混ぜ合わせてコンクリートの材料をつくったり、屋根瓦を換える時には鉄砲をかついで、つってある足場を伝って大屋根まで土を運んだりしました。

このように父親は仕事場でも家でもわたしを猫可愛がりにかわいがっていましたが、わたしの中にある反抗心と執着心の強さを見抜いていました。

三碧木星乙丑という生まれ年の干支にまつわる昔からの言い伝えの「親の首に縄をかける奴や」が気になっていたのかもしれません。小学校へあがる前から浄土真宗の布教所へ夜にお説教を聞きに連れて行きました。学校は休ませても、この日曜学校は休ませてくれませてくれなかったほどです。眠たくなって居眠りをすれば拳骨が飛んできました。今になって思えば、手を合わせて拝んでいて拳骨とは、どうも不釣り合いだと思いますが、これがわたしと仏法の結びつきになったのですから父親には感謝しなければなりません。

とはいえ、子供には浄土が何なのか、木造の仏様に手をあわせてどうして極楽へいけるのか、ということはまるでわかっていませんでした。しかし、お経も「阿弥陀経《あみだきょう》」「正信偈《しょうしんげ》」は空でいえるようになっていましたし、布教師に会って疑問に思うところを聞きに行くようにもなりました。そんなわたしを見て布教所の住職が「坊さんに」とすすめてくれたこともありますが、父親は「いや貧乏人で坊さんなどはとてもとても」と断っていました。いま思うと、この時に坊さんになっていたら、破戒坊主になっていたのではないかと思います。

小学校時代——手に負えない腕白坊主

わたしは小学校にあがっても相変わらず粗暴な子供でした。一年生の時のことです。式典があって全校生徒が講堂に集められました。厳粛な空気の中で正面の扉の中に天皇、皇后の写真があって扉を開いて幕が厳かに左右に開かれます。当時は「天皇を見たら目が潰れる」といわれており、この時には頭を上げて見てはいけないのですが、わたしは「見ていかんのなら幕を開けんでもええのに」と思って少し頭を上げたのです。

それを先生が見ていたのでしょう（そんなら先生は頭を上げていたことになります）。式が終わって教室へ戻ると、頭を上げた罰として廊下に立たされました。他の組にも立たされている子が何人かいました。そこへ父親が、わたしの帰りがあまり遅いのを心配して学校へやってきました。立たされているわたしたちを見て父親はいいました。

「オッサンが勘忍してやる、みな家へ帰れ」

それから職員室へ行きましたが、先生達はどこか他の場所で祝杯をあげていたのでしょう、姿が見えません。父親は職員室に座り込んで先生の帰りを待ちました。先生が帰ってきました。

「あんたら子供を放ったらかしにして何処で呑んでたんや。あんたらがおらぬ時に火事でも起こったらどうする。子供は正直やから先生の言いつけどおりに立っているやろ。そして焼け死んだらその責任は誰がとるのや」

と怒鳴りつけました。おそらく先生はその場では父親に謝ったのでしょうが、翌日わたしに、

「君とこのお父さんのような人は見たことがない、乱暴な人や」

といってきました。

小学校も四年生になるとわたしの腕白ぶりがいよいよ発揮されてきました。教室の後ろに立たされる日が月に何度もあったのです。理由は時間中に騒ぐとか友達とケンカしたといったものです。廊下に立たされながら、女の子がわたしの顔を見て何かいいながら通るたびに恥ずい思いをしたものです。ついには廊下でも懲りないということで職員室に立たされるようになりました。すると他の先生らが冷やかし半分に、

「おい明石、今日はなんで立たされているのや」

というのです。他の先生からこんな言い方をされると反抗心が湧いてくるのは当然のことです。職員室に立たされるのにも慣れてくると、始業時間の鐘が鳴って職員室が無人になった途端にソファに長く伸びて休憩をするようになりました。そして終業の鐘とともに

立ち上がって、頭を垂れて涙をこぼすのです。何という子供でしょう。

ある時に悪戯《いたずら》が過ぎて講堂に立たされたときもそうでした。講堂には「御真影」が奉戴してあります。先生は、

「天皇陛下のお許しがあるまで立っておれ」

そういって講堂から去っていったのですが、それを見てわたしはその場に胡座《あぐら》をかいたのです。休憩です。そして終業の鐘が鳴ると立ち上がって俯いていました。そのときドアの隙間に先生の姿が見えました。わたしはガバと土下座して「御真影」に向かって、

「お許しください、もう二度と悪いことはしませんから」

と涙を頬に伝わせながらいいました（役者の素質充分）。するとその芝居にだまされた先生はわたしを抱きしめ、

「泣くな、もうええ、わかったらこれからは悪いことはするなよ。天皇陛下もお許しくださった」

しかし、わたしは先生の胸に抱かれながら、

「写真がモノをいうかい」

と思っていたのです。

ついには校長室に立たされるようになりましたが、そのときも校長がいなくなるや、窓

から逃げ出して家に帰っていました。そんなことをしたら明日また立たされるのに、そこに気がつかないのが子供なのか、反抗心がそうさせたのか、とにかく手の焼ける子供でした。

五年生の時、ついに堪忍袋の緒が切れた先生がわたしに呆れ果ててこういいました。

「明石、土山の農学校へ入れるぞ」

この学校は播州の土山にあって、悪いけども少年院にまでは入れられない者が入れられるところでした。しかし、そういわれてもわたしは驚きませんでした。そんなことをしたら父親がどんな態度にでるかわかっていたからです。

そんなわたしでしたが、小学校の六年生のときの学芸会で、恒例となっている「桜井の駅の別れ」の主役、楠木正成《くすのきまさしげ》の役を与えられました。この劇は、楠木正成が湊川の戦場に赴くにあたって、この戦で討ち死にと覚悟をきめ、わが子、正行《まさつら》を桜井の駅に呼び寄せ、後事を託して別れるという悲劇です。この人選はだれもがおかしいと思ったに違いありません。当時皆にあがめられていた楠木正成を腕白坊主のわたしがやるとは。わたしにとっても予期せぬことでした。

父親はわたしが正成の役をすると聞くと、

「お前らのする芝居なんて見られたもんやない。わしは見にいかん」

といっていました。しかし当日の朝、

「卵をぎょうさん飲んでいけ、大きな声をだせよ」

といいました。

本番では無事に大役をやり通しました。わたしは「お父ちゃんが見てくれていたらなぁ」と一抹の淋しさを覚えましたが、学芸会が終わって帰りがけに近所の人が、

「明石君、お父さんが一番後ろで見てはったよ」

と教えてくれました。

やっぱりお父ちゃんは見にきてくれてたんや。わたしの胸の中を温かいものが流れていきました。

家に帰ると火鉢の前で父親は新聞を見ながら、

「どうやった、劇はうまいことやれたか？」

と白々しくたずねてきました。父親は素直に自分を表現することに照れがあったのでしょう。そんな父親を見て、わたしは（お父ちゃん白々しいなぁ、もっと素直になりいな）と思いました。

ところで、正成の役を無事にやり通せたことはうれしかったのですが、一方では不都合もありました。悪戯をすると「楠木正成をやった者が」と、先生の口から出るようになったからです。

まさに自由気ままな小学生時代を過ごしていたわけですが、世の中では以下のようなことが起きていました。

1934年（昭和9年）、東北地方は冷害で大凶作にみまわれ、秋から冬にかけて娘の身売り、欠食児童、行き倒れ、自殺などが激増して、全国の農村の欠食児童20万と発表された。つづいて、

1935年（昭和10年）、陸軍統制派の永田鉄山軍軍務局長が、白昼、皇道派の相沢中佐によって斬殺された。相沢は翌年死刑になる。

1936年（昭和11年）2月26日、皇道派青年将校が兵士千四百人をひきいてクーデターを決行した。軍事クーデターは四日目にして鎮圧され、将校十七名が処刑、民間人二人が思想的指導者として処刑された。有名な二・二六事件である。

二・二六事件については興味があって、これまで数冊の本を読みましたが、軍人教育の恐ろしさをまざまざと感じました。軍人教育によって洗脳された人間が偏った信念にとりつかれ、結局は反乱軍として処刑されたのです。なぜこんなことが起きたのでしょう。

明治十五年、明治天皇が軍人に下した勅諭（正確には「陸海軍軍人に賜はりたる勅諭」）は、日本陸軍こそが天皇の恩顧を受け、軍人は国民の選民だと解釈するのが真の意味だと青年将校は教えられていた。

（中略）

次代の軍人に天皇を現人神と教育しながら、山県有朋や桂太郎ら陸軍指導者の天皇観は醒めていた。山県は軍人勅諭公布の張本人でありながら、彼の天皇観は国家統治の一機関と見る合理性に裏打ちされていた。彼には天皇が国民支配のもっとも都合のいい存在と映っていた。むろん陸軍指導者たちのこうした思惑は、軍内での教育ではいささかもふれられなかった。

（『東条英機と天皇の時代』保坂正康、筑摩書房）

わたしは徳川幕府瓦解以前の天皇の地位をかんがえれば分かることなのに、陸軍幼年学校・陸軍士官学校での軍人教育の結果、彼らが冷静に物事を判断する能力を失ってしまったのだと思いました。

優秀な頭脳を持ちながら、なぜ「人間の存在」ということに気づかなかったのか。この人達の忠誠心には頭がさがりますが、それが分かっていれば冷静に対処できたと思います。

そして、こんな物情騒然とした中で起きたのが、男女の愛の極致を見せた阿部定《あべさだ》事件です。5月18日に同衾中の愛人の急所をカミソリで切断したというのです。阿部定は法廷で、

「この人を他の女に渡したくなかった」

と陳述しました。その第二回公判で懲役十年が求刑されましたが、弁護人は次のように述べたとされています。

「二人とも苛められることを喜ぶ精神異常者であり、お定は苛め苛められる両性を兼ね備えた異常者である。この結合要素を備えた男、女が遭うことは千万人に一人の割合であろう。然るにお定、吉蔵の二人は陰陽、凹凸全く符号融和すべき千載一隅の暗合の結果であり、この希有な運命の下に、運命の神の悪戯によって本件を誘発したのである」

この国の男子たるもの羨望の吐息を漏らしたのではないでしょうか。離婚の理由はたいてい性格の不一致とされていますが、わたしは性の不一致だと思っています。男女和合のことには研究をつんで……あッ、調子にのって筆がすべりました。

尋常高等小学校へ進学

小学校時代の遊び場は山と海でした。

山にはドングリを取りに行って、それで独楽《こま》をこしらえて友達とよく勝負をしたものです。しかし、こんなときにもわたしの狡賢さは発揮され、独楽を投げ入れる時に相手の独楽の軸に手を当てて外へ出していました。とはいえ、友達はそれが分かっていても文句のひとつもいいいません。それをいったら最後わたしにどんな仕返しをされるかと怖がっていたからです。

海は神戸港の中突堤の先に鉤の手に突堤があって、そこに団平船《だんべいぶね》が繋いでありました。ここで泳ぐのは禁止されていたのですが、子供ですねぇ、泳いでいて水上署の船が近づくと慌てて海から上がり、パンツ一枚でシャツを抱えて逃げ出したこともあります。

海岸に魚が干してあると周りを見渡して足で蹴って魚を移動させ、誰も見ていないと確かめて持って帰ったりもしました。「藁すべ一本も盗むことはならん」といっていた父親が、その魚を炙って食べていたのですからホンに分からぬ性格でした（これもわたしに遺伝しています）。

六年生の時には友達(わたしの子分みたいなものでしたが)三人が学校の窓全部の鍵(真鍮)を外し、理科室の教材を盗んで古鉄屋に売るということがありました。しかし、彼らはなぜかわたしを誘いませんでした。わたしに話したら止められると思ったのでしょうか。

この三人は戦時中も泥棒をしていたと思います。自転車が不足していましたが、注文するとすぐに自転車を持ってきてくれました、わたしはそれを他人に売って生活の足しにしていました。戦後、その三人は一人前の泥棒になっていたようです。一人は神戸刑務所から脱走したと新聞に載るような人間になっていましたので。その時は「うちに来られたらどうしよう」と母親と心配しましたが、幸いに一週間ほど後に捕まりました。

小学校六年生も終わりに近づきました。級友は中学校へ行く子や、尋常高等小学校(二年制)へ行く子がありましたが、父親は「小学校だけでええ」と頑として首を縦にふりませんでした。「職人の子に学問はいらん」の一点張りで、学用品を買うといっても「読み書き算盤だけでええ」といってお金を出すのを渋っていたほどです。しかし、母親の「わたしらの時と違っていまは尋常高等小学校くらいは出てなんだら」との説得で渋々納得していました。

1937年4月、わたしは楠尋常高等小学校に入学しました。この年の7月7日、中国の盧溝橋で日中の衝突があり、この事件を契機に、八年にわたる支那事変(日中戦争をこう呼んでいた）が始まりました。

この学校には野球部がありました。わたしは友達に誘われて入部し、家に帰って父親に話したのですが、

「バカ野郎ッ、やめてしまえッ」

と一喝され、結局一日で野球部をやめることになりました。しかしただでは退部できません。部員全員からビンタをとられました。その中には野球の腕を買われて滝川中学校の野球部に入り、後にプロ野球巨人軍の選手になった青田昇がいました。

この学校は登校するのに、草色のゲートルを巻かなければなりませんでした。しかしわたしはこれを苛性ソーダーで白色にし、ひざ頭まで巻くのを半分のところまでで止め、ズボンをずらしていました。そして、ランドセル型の鞄の中には何もいれず、ペチャンコになったのを肩にひっかけて登校するのです。だれが見ても不良でした。近くにある女学校の生徒はそんなわたしを避けて通っていました。とどのつまり、わたしは目立ちたがりだったのです。それなら成績が優秀であるとか、端正なスタイルを考えればよいのに、不良スタイルを選んだのは父親譲りの偽悪性の現れだったと思います。

そもそも本心をいえば、わたしも父親と同じで学校に行きたいとは思っていませんでした。

あるとき上履きにはきかえず土足で教室に入っていきました。この行為自体は校則への反抗心によるものですが、それを見た生徒が先生に告げ口をしました。

するとと先生は、

「校則の守れぬ奴はやめてしまえッ」

と怒りのこもった声でいいました。わたしは謝りもせずに、机の蓋をはね上げ、教科書をカバンにいれて廊下に出ました。先生が後を追ってきて、

「学校をやめてどうするのか？」

と聞いてきました。おそらく考えのない行為だと思ったのでしょう、学問の必要性を話し出したが、それでも父親は進学に反対だったのだから喜ぶだろうとしか思っていませんでした。でも結局学校をやめることはありませんでした。その場はわたしが謝らないままに収まり、わたしの勝ちだと思いましたが、次の日からは上履きにはきかえて教室に入るようになりました。

はじめて人前で落語を披露したのは尋常高等小学校のときでした。体操の時間が雨で自習時間に変わったのですが、そこで担任の先生が、

「明石、お前は落語の本を読んでいるそうだが、ここで一席やってみぃ」

といったのです。

わたしは雑誌キングで覚えた、柳家金語楼の「夜明《よあけ》の鐘」をやりました。遊郭の話だから生徒にわかるはずはありません。ですが、先生は別です。サゲを聞いて、

「なるほど夜明の鐘か」

と笑っていました。

さて、わたしが尋常高等小学校でも腕白太政大臣を務めているうちに、世間の情勢は刻々と戦争への道を進んでいました。満州事変、上海事変、五・一五事件、二・二六事件。そして、支那事変が勃発して間もなく、国内の戦時体制化を求めて、政府は「国民精神総動員運動」を開始しました。

そのスローガンは「挙国一致」「尽忠報国」「堅忍持久」でした。日中戦争の長期化に伴い、1939年（昭和14年）にこの運動が強化され、遊興営業時間の短縮、ネオン全廃、中元・歳暮の贈答廃止、学生の長髪禁止、パーマネントの廃止などが謳われていきました。生活必需品が不足し、公定価格が決められる中で物資は闇に回り、一般民衆の手には届かなくなりました。必要品を買おうとすると売れ残りの粗悪品を一緒に買わされるようになります。これを民衆は「抱き合わせ」といいました。

衣類の生地も木綿がなくなり、第一次世界大戦のときにドイツで発明された人工繊維のステブルファイバーが使われるようになり、靴下などは一日で破れるようになりました。

靴も人工繊維で、底は人工ゴムです。消しゴムのようなものなので磨耗もあっという間でした。

その頃、演芸場で永田キング一座が、勤王の志士である月形半平太の芝居を出していました。祇園のお茶屋から先に月形が出る。その後に出てきた芸者の梅松が月形に傘をさしかけます。その傘をかわす月形。

梅松　あなた、
月形　春雨じゃ濡れていこう。

という名場面が、

梅松　あなた、
月形　春雨じゃ傘をさせぃ。
梅松　濡れていこうと違うの？
月形　ステブルファイバーで縮むわい。

これで客席からドッと笑い声が起こったものです。

他にも浪曲師の広沢虎造が「石松金比羅《こんぴら》代参《だいさん》・石松三十石船《さんじっこくぶね》道中《どうちゅう》」で売り出し、どこの銭湯でも「バカは死ななきゃなおらない」のうなり声が聞かれていました。あきれたぼういずが自作の「地球の上に朝がくる」で世間に笑いを届ける。暗い世相に反発するように、民衆は演芸に明るさを求めていたのです。

三菱電機の養成工になる

尋常高等小学校では学校の行事として毎週に一回、楠木正成を祀る湊川神社へ「戦勝祈願」のために参詣していました。それを知った父親は、

「負け戦の大将を拝んで何になる」

バカにしたように笑っていました。

無学の父親が、福沢諭吉の主著『学問のすすめ』のなかの「楠公権助論《なんこうごんすけろん》」を読んでいるはずはありませんでしたが、なぜか楠木正成を嫌っていました。

「楠木正成は南朝の家来や。いまは北朝の天皇や」

それを聞いていたわたしは全校生徒が列をつくって神社に参詣するというそのバカバカしさに耐えられず、ふざけては先生から注意されていました。父親の教育が行き届いていたのです。

卒業が間近になった頃、父兄が学校に呼ばれました。

「卒業生は軍需工場へ就職してもらいたい」

校長はそういいました。「国家総動員法」の実施です。もはや国民からは職業選択の自

由も奪われてしまっていたのです。いくら頑固な父親でもこれには勝てませんでした。相手は国家権力なのですから。

この頃、大相撲では、安藝ノ海《あきのうみ》に敗れて双葉山の連勝が六十九でストップしました。オカアサンカッタ。安藝ノ海の母親にあてた電報の文句です。

１９３９年（昭和14年）４月１日に、わたしは三菱電機神戸製作所の養成工と同時に青年学校の一年生になりました。はじめの三カ月は実習です。ハンマーをふるって鉄板をきることから始まり、その次が各工事に出掛けて職人の仕事を見学する短期実習でした。それが終わると工場へ配置されるのですが、わたしは潜水艦工場に配置されました。

工場では設計課に入りました。「だれか設計課へくる者はないか」と声がかかったとき、「設計課なら仕事はきれいだし、体も楽だ」と思って手をあげたのです。これで設計課所属の図工と決まりました。設計課は工場の二階にあって、目の前に神戸港の第一関門が見えます。工場の突堤には伊号潜水艦が浮かんでいました。

わたしにとっては会社という組織の中でのはじめての仕事でしたが、ここで理由なき差別を見せつけられました。現場で働く工員が七時出勤なのに椅子に坐って仕事をする社員は七時半出勤なのです。胸につけるバッジも三種ありました。工員は丸の中に三菱のマークが入っているのですが「赤い三菱」のマークが入っているのは社員だけで、わたしのように設計課で働く者は三菱の色が違っていたのです。これだけでも会社で働くのが嫌になりました。十四歳の時のことです。

その年の5月、ノモンハン事件が起きました。

五月十二日の蒙古軍と日本軍の衝突のあと、日満ソ蒙は兵力増強をつづけ、六月から九月にかけて二次にわたり戦闘が行なわれたが、日本軍は完膚なきまでにたたきのめされ、戦死者行方不明者八千三百名、戦傷戦病を含めると一万七千人もの兵隊が戦力から脱落した。

（『東条英機と天皇の時代』保坂正康、筑摩書房）

9月15日に停戦協定が結ばれました。これも勝利のもとに停戦と報道されます。死んだ人間は災難でしかありません。日清・日露の両大戦に危うく勝ったのを実力だと過信した結果でした。

「わが国は神武以来、外敵に負けたことはない」

と政府は豪語していましたが、ホントウの事は民衆に知らせず戦意を煽っていたのでした。

「万世一系の皇統」に八人の女帝がいたのですが、それを民衆の中でも知るものは少なかったようです。教えなかったのです。

日中戦争はなかなか収まりそうにはありませんでした。民衆の生活はますます苦しくなっていきます。町にはこんな歌が流れていました。

パーマネントをかけすぎて
みるみるうちにはげ頭、
はげた頭に毛が三本
ああ恥ずかしい恥ずかしい
パーマネントはやめましょう

わたしの反骨精神

三菱電機には青年学校がありました。ここは勉強のできる向学心に燃えた人や家庭の事情で上の学校に進めない人が、就職と同時に入学するのです。そして技手《ぎて》への昇進の道も開けていました。平時であればわたしなどは到底入れる学校ではありませんでした。

青年学校は高取山の麓に造られていました。週に二回の授業がありましたが、わたしはいつも勉強を避けていました。軍隊から派遣された下士官が教官をしていて、軍事訓練といっては銃剣術や匍匐《ほふく》前進、手榴弾の投擲《とうてき》の訓練をするのですが、バカらしいのでわたしは病気を理由に見学ばかりしていました。勉強は中学校程度のものをやっていましたが、それも馬耳東風で聞き流していました。

工場の設計課では初めの二週間ほどはアラビア数字の練習をしていました。それが終わると青写真の上にトレーシングペーパーを置いて写図するようになりました。仕事自体は楽しいものでした。潜水艦全体の配線図の写図は細かい神経を使いましたし、潜水した折の動力となる電池室全体の写図も時を忘れて没頭できるものでした。女性のトレーサーが、化粧直しの時間をしばしとっていたこともあり、十日もかかって写していたものをわたしはその面白さに昼食を食べるのも忘れて取り組み一週間で仕上げていました。

しかし、ここで問題が発生しました。十日間のうちの七日間で仕事を仕上げてしまい、浮いた三日間は何にもせずに造船所をぶらぶらしながら工員の仕事ぶりに感心していたりしたのですが、それを見た課長が「仕事をさぼるな」といってきたのです。女性よりも三日も早く仕上げたことは認められず、しかも怠慢だといわれたことに腹が立ちました。ならばと次は一時間もあれば写図できるものを三日かけて仕上げたのですが、これにも課長は「さぼるな」と怒りました。こんな理不尽なことがあるでしょうか。会社というのは時間を要領よく使うところだと思うのと同時に、父親の反骨精神が自分に遺伝していることを知りました。

こんなこともありました。

ある日、後輩が隣の造船所の設計課へ、上役の指示で極秘の図面を借りに行ったときのことです。先方の若い係長が、

「工員なんかに極秘の図面は貸せない」

といったのです。

それを後輩から聞いたわたしは、

「よき敵ござんなれッ」

と意気込んで後輩を従えて、その係長のところへ怒鳴り込んでいきました。

「工員に極秘の図面は貸し出せん、といったそうやな。おいッ、いまこの国がどんな状況にあるのか分かってるのか。一億の国民が総力をあげて戦っているのだッ。親を失い子を亡くして頑張っている。その中で工員、職員の区別があるのか。国にご奉公するのに差別があるのか、そんな態度は戦争に不協力といわざるをえない。出るところへ出て白黒つけようやないか」

自分のことは棚にあげて、わたしは啖呵をきったのです。理屈は達者でした。係長は平謝りに謝って図面を出しました。それでこのことは終わったと思っていたら、課長から、

「隣まで行って生意気なことをいうなッ」

と叱言《こごと》をもらいました。

わたしたちが引き上げていった後、係長は課長に電話したのです。

これには腹が立ち、通勤の途中で会うたら承知せんぞと思いましたが、間抜けなことに肝心の係長の顔を覚えていませんでした。

わたしはとにかく、規則にしばられるのには耐えられませんでした。気ままというのか、反骨精神というのか、自分の気にいらぬことには抵抗しました。

養成工は制服、制帽、ゲートル着用に靴と規定されていました。ですが、わたしはゲー

トルを巻かず、下駄履きで出勤していました。ある日、会社の門を通ったところで守衛に呼び止められ、いきなり殴られました。ムカッとしたわたしは報復手段に出ました。こんなことをすぐに思いつくのはどうしてだろう?

「ああ、いま殴られて頭がフラフラする、今日は会社を休むわ」

そういって、わたしはいま入った門を出ようとしました。守衛は慌てて謝りましたが、それを振り切って回れ右をして会社を休みました。翌日もゲートルを巻いて下駄履きで出勤しましたが、守衛は何もいいませんでした。

「俺を相手にしたら、どんなことをするか分からんぞ」

頭も丸刈りが規則でしたが髪を伸ばしました。帰りの満員電車にぶら下がったら、車掌がわたしの帽子をとって放り投げたこともあります。長髪のわたしを見て人々は笑い声をあげました。帽子も縁を下げて、正面には芯を入れてドイツ軍の真似をして気取っていたのです。

わたしは得意になっていました。二年ほどすると三菱神戸造船所の出入り口にいる守衛全員に「潜水艦工場の明石」の名は知れ渡るようになりました。潜水艦工場は三菱神戸造船所の敷地内にあったのです。三菱電機の工員一万人も同じルートを通っていましたが、それだけ目立っていたのです。

ただ、わたしは不良でしたが、喧嘩をふっかけるようなことはしませんでした。とはいえ売られた喧嘩を買わないわけにはいきません。

青年学校の二年生の時でした。どこか遠方の所へ生徒が何組かに分かれて合宿することがありました。そのとき、消灯後しばらくしてわたしのところに一人の生徒が上級生の使いでやってきました。上級生がわたしを呼んでいるというのです。わたしは使いの生徒についていて上級生の部屋に行きました。すると「潜水艦工場の明石というのはお前か」というなり横面を殴りつけてきたのです。

次の瞬間、上級生がいいました。

「あっ、こいつ笑っとるで、気色悪い、もう帰れ」

わたしは上級生の顔を確かめようとしましたが、薄暗い電灯の下だったので顔を確認することはできませんでした。わたしは顔を覚えておいて「こいつが工場へ行って仕事をしている時に仕返しをしてやろう」と思い、そのときのことを想像しながら笑っていたのです。それが私の喧嘩のやり方でした。

父の死去

わたしが十七歳の時に頑固で単純な父親が腹膜炎で床につきました。お腹に水が溜まる病気で普段は「医者なんか何の役にも立たん」といっていた父親が初めて医者にかかったのです。水が溜まって苦しくなると医者を呼びに行き、抜いて間もなくまた水が溜まると再び医者を呼びに行くというような症状でした。肌の張りもどんどん失われ、入れ墨はしおれて龍はタツノオトシゴに、唐子は小人のように縮んでしまいました。

父親はそれからそう時間をおくことなく、極楽に行ってしまいました。六十七歳の人生でした。わたしは父親と過ごして楽しかったこと、拳骨を見舞われたときのことなどを思い出しながらいつまでも涙が止まりませんでした。

倅とは違って、他人に迷惑をかけることを嫌い、自由に生きた父親でした。

1938年（昭和13年）の1月に湊川神社に大きな石の鳥居が建ったときのことです。それを見るなり父親は、

「身分不相応なことをして、あんな鳥居はすぐに落ちる」

といったのです。すると父親の言葉どおり8月に鳥居の上部が落ちてしまったのです。

鳥居はいまも上部のないままになんとも間の抜けた姿で立っています。

　こんなこともありました。まだ幼かった頃、近所の子守に連れられて湊川公園へ行ったとき、わたしは半月型の遊具の下の砂が盛り上がるのが不思議だったのか、そこへ左手の拇指を突っ込んでしまったのです。つぶれた指の先を見て、その子守は動転して急いでわたしを家に連れて帰りました。しかし父親は、医者に診せずに自分だけで治療してしまったのです。

　尋常高等小学校二年生の夏、わたしは高熱、吐く、下痢の病気になりました。その時も父親は医者に診せませんでした。盥《たらい》に湯を張って枇杷《びわ》の葉をいれた中に私を毛布でくるんで入れたのです。三日で病気はおさまりましたが、今度はコムラ返りが執拗に襲ってきました。父親は足の裏に練り芥子《からし》を塗って、これも幾日かで治癒しました。

「あれはコレラやった。医者にいうてたらえらいことになってた」

とホッとしたようにいいましたが、いまなら大騒ぎになっていたと思います。

　父親がいなくなると家計の責任はわたしに覆いかぶさってきました。会社の日給は七十八銭でしたが、これで母子ふたりが食べていけるはずはありません。課長が好意で、仕事もないのに「残業証明書」を書いてくれました。午後八時まで会社にいたことにして「残業手当」をもらえるようにしてくれたのです。それでも生活費としては十分とはいえませんでした。

そんなとき、友達が新開地の映画館のフィルム配達をしないかと誘ってくれました。フィルム配達は二軒の映画館が一本の映画を共同で使っていました。十分のフィルムを三巻ずつひとつの映画館に運び、その足で同じように今度はもうひとつの映画館に三巻のフィルムを自転車の荷台に積んで走ってきます。ちょうどケーブルカーのような形です。

自転車といってもタイヤが継ぎはぎだらけで、走るとガタンガタンとフィルムの入った箱が音を立てていました。雨の日でも合羽や傘なしで走ります。お陰で自転車の修理を覚えてしまいました。フィルム配達をするために会社をズル休みしたこともあります。当時でも反戦の医者がいて嘘で「肺潤滑〈肺浸潤〉、三カ月の療養を要す」と診断書を書いてくれたのです。

フィルム配達のアルバイトのおかげで日給も大きく増えました。会社を休むと健康保険組合から日給の七割（七十銭）が給付されるのです。フィルム配達は二円。合計二円七十銭が一日の収入になったのです。三カ月経つと会社へ一週間ほど出勤して、また病気が再発したと嘘の診断書でフィルム配達に戻りました。

戦争はますます激しくなっていくようでした。配給制度でもらう主食のお米は一人一日に二合三勺（0・41リットル）です。衣料品も切符制で切符がなくなると衣料品は買えません。煙草は二日に一箱になりました。

母親との生活

こうして父親が亡くなった後は母親とふたりの生活が続いたわけですが、実をいえばそれまで母親と私の接点はそれほどありませんでした。なぜなら、父親がわたしを独占しており、またその上に亭主関白だったからです。わたしが家の家計をみるようになり、ようやく母親と接点を持つようになったという感じでした。

母は店を持てない髪結いでした。何人かの得意先を持っていましたので、呼ばれたら出かけていって髪を結っていましたし、お客さんが家に来たときには二階の間で結っていました。いわば「潜りの髪結い」でした。おそらく税金のことがあったのでしょう、仕事に行く時は髪結い道具をエプロンで巻き込み出かけていました。

母親は父親と違って、興行や映画などの芸事を好んだ人でした。父親が生きている間も、私が映画を見に行きたいというと融通を利かせてくれたものです。父親が生きているとき、わたしは公に映画を見に行くことができなかったので、母親はこういいました。

「電気がつくまでに帰っておいでや」

当時、電気は定額灯でした。一カ月の料金があらかじめ決まっていて、朝になると電灯が消え夕方六時になると電灯がつくのです。母親は夕方六時に電灯がつくまでに帰ってきなさいといって映画館に送り出してくれました。父親は電灯がつく頃に仕事から帰ってくるので、そのときにわたしの姿がないと母親を怒鳴りつけるのです。

もちろん、わたしとしても映画を観に行かせてもらった恩を仇で返すようなことはできません。しかし、映画館へ入って初めのうちは母親の言葉が頭にあるものの、映画を見ているうちにその面白さについ時間を忘れてしまうことが度々ありました。表へ出て電灯がついているのを見ると、「しまった」と今までの楽しさ面白さがいっぺんに吹き飛び、父親の怒る顔が瞼に浮かんでトボトボと家路につくのです。家では思ったとおり父親の不機嫌な顔と拳骨が待っていました。

母親は、本を読むのを嫌う父親に内緒で『少年倶楽部』を買ってくれたりもしました。わたしが殊勝に「勉強をするから机を買って」というとそれも買ってくれました。机を見るなり父親は母親を怒鳴るわけですが、そんなときはいつも何もいわずに堪えていました。ある面では、母親は父親が亡くなってほっとしていたと思います。親ひとり子ひとりの生活の中で、母親はわたしのすることにひとつの注意もしませんでした。

わたしは父親似なのでしょう。それとも母親に甘えていたのかもしれませんが、それでもよく母親を困らせていました。朝食のご飯がかたいといって通勤の市電を途中で降り、

「お腹が痛い」といって会社を休んでも、仕方がない子やという顔をするだけで、別に注意をするということはありませんでした。

落語家になった後、わたしは母親に台輪の火鉢をねだったことがあります。そのときは「酒をやめるから」といって買ってもらったわけですが、わたしは酒をやめませんでした。それでもわたしが酒を呑んでいるのを母親は嬉しそうな顔をして見ては、台輪の火鉢で酒の燗をしてくれたのです。高座着も古着屋で適当なのを見つくろってこしらえてくれました。そんな母親だったのです。

ずいぶん後になってわたしが家を買ったときには一部屋を母親に使ってもらうことにしました。そこで何を心配することなく自由気ままに暮らして欲しいと思ったのです。それでも母親はお風呂で湯船に浸かっている時は電気を消していました。それを見てわたしが「そんなケチ臭いことするな」というと母親は「始末（節約）は硫黄からや」といいます。母親は、明かりを節約することが始末の始まりやという明治の人間が持っていた考えをそのままに実行していたのです。母親というものは有難いもので、わたしが結婚する時の費用も、家をローンで買った時の頭金の大半も出してくれました。

いつだったか、母親がわたしの高座を見て「円天坊によう似てるわ、目の大きいところや仕草が」といいました。幼い頃、母親には歌舞伎によく連れて行ってくれました。それが夫婦喧嘩の種になることがしばしばありましたが、それでも息子の小さな願いを叶えてくれていたのです。

母親はよく「目上の人と付き合ったら損がない」「ええお客と付き合えば損がない」ともいっていました。まるで芸人のような物言いです。本当に芸事が好きだったのだろうと思います。

その母親も1969年（昭和44年）に老衰で武庫川の脳病院で亡くなりました。入院中にまだ元気なときには春先の土筆《つくし》や嫁菜のおひたしをこしらえて持っていくと拘束袋に入った母親は嬉しそうにニッコリと笑いました。

葬式はしませんでした。戒名はわたしが、「正信偈」の文句からとって「安養院釈妙果」とつけました。近くのお寺へ遺骨を納めようと行きましたら「檀家でないからあずかれぬ」といわれました。もう一軒行きましたが、おなじような返事で受け取ってくれません。わたしは「寺にも縄張りがあるのか」と腹立たしく思いながら、「天王寺さん」の納骨堂へ納めました。一年たって法要の案内がきましたが放っておきました。翌年も案内が来ましたが知らぬ顔をしていると、三年目には案内もこなくなりました。

太平洋戦争の開戦

1941年（昭和16年）12月8日、「ニイタカヤマノボレ」の暗号で太平洋戦争（大東亜戦争）が始まりました。支那事変（日中戦争）の行き詰まりの打開策として米・英に宣戦布告したのです。この国の石油備蓄量は二年分しかなく、前々年から物資は不足し、代用品にかわっていました。木炭自動車・鮫革の靴・鮭革のハンドバッグなどなど。民衆は支那事変で疲れきっており、無謀な開戦としかいいようがありませんでした。

道路には戦意昂揚といってルーズベルトとチャーチルの大きな似顔絵が描かれました。道行く人はそれを踏んで歩いていくのですが、実に滑稽な発想でした。外来語の使用が禁止され、女性のパーマネントも禁止されました。果たして戦争とパーマネントとどんな関係があったのでしょうか。当時はパーマネントを掛けていた女性が街中で髪を切られるというようなこともありました。

電車は湊川神社の前で一時停車するようになりました。戦勝を祈願して乗客が黙祷をするためです。わたしは父親の言葉を思い出して、黙祷をしませんでした。そんなことで戦争が勝てるはずはないと思ったからです。日本政府は様々なやり方で戦意昂揚に努めていましたが、民衆は心のうちでは笑っていたと思います。

有識者の中には「なんというバカなことを」という声もあったようですが、倒れてくる大木を爪楊枝で支えるのは無理でした。

アメリカのB29が単機または三機で偵察に来たついでに焼夷弾を落としていきました。町内では空襲に備えて防火訓練を行っていました。「火叩き」といって竹の棒の先に縄を十本ほどつけたもので火を叩くのです。塵はたきの大きなものだと思ってください。消火の訓練は四斗樽《しとだる》の底を抜いたものを地上に組み立てた足場の上にあげて、バケツリレーで運んだ水をその樽にめがけて投げ入れます。しかし、人々はまだ本当の空襲を体験していませんから、運動会の競技のような思いでガヤガヤといいながら水運びや投げ入れに興じていました。

軍部は空襲の実態とその被害というものをどの程度分かっていたのか疑問に思います。消火に対しては江戸火消しの感覚ほどしかなかったのでしょう。空襲に備えて「防空壕」を家の床下に掘れという指示もおかしなものです。もし火事になって壕から出られなかったら蒸し焼きになってしまいます。しかし当時はわたしもそんなことは思ってもみませんでした。いわれるままに二畳の縁の下に身長の半分くらいの深さの壕を掘っていました。

戦線の拡大、戦争の長期化にともない、前線兵士の士気の低下、軍規の乱れが激しくなっていました。これに活をいれるために陸軍大臣東条英機は「戦陣訓」を出します。

生きて虜囚の辱《はずかしめ》を受けず

死して罪過の汚名を残すこと勿《なか》れ

これが降伏よりも死を強制したものとして、太平洋戦争における玉砕や自決の悲劇を生むことになったのです。しかし、事実には違った面もありました。英霊として神に祀られた四万一千人以上の多くの者が、現実に捕虜として、太平洋各地で連合軍の厚遇を受けていたともいわれています。

そんなとき、脊髄カリエスを患っていた幼友達がわたしにいったのです。

「徳ちゃん。ボクもうすぐ死ぬねん」

わたしは驚いて相手の顔を見直しました。わずか十七歳で「死ぬ」という言葉を、こうも易々と口にする、これはどういうことでしょうか。「死」を現実に目の前にしたときに、こんなに冷静になれるものでしょうか。大声で「死にたくないッ」と叫びたい気持ちにはならないのでしょうか。叫んでみても無駄だと悟ったのでしょうか。阿弥陀如来の救いとは。

わたしは「死ぬなよ、死ぬなよ」と泣きながらいいました。その日、わたしは夜になっても「人間の生死」を深く考えて眠れませんでした。

それから三日目に友達は死にました。

1942年（昭和17年）4月18日、アメリカの航空機による初の本土空襲がありました。航空母艦ホーネットから発信したB29爆撃機は、東京、神奈川、名古屋、神戸を爆撃したのち中国に向かいました。被害は少なかったのですが軍部は動揺しました。本土防衛に対する作戦の甘さを知らされたのです。

そんなある日、会社で先輩から驚くべきことを知らされました。

「明石君、君に好意をよせている女性がいる。沖縄へ帰るので、自分の心を君に伝えたいというのだ」

その女性というのは、沖縄の女学生で、学徒動員で働いていた人でした。沖縄の戦局が厳しくなったので郷に帰るというのです。

薄暗い図面庫でわたしは彼女と向き合いました。わたしは必死になって言葉を探しました。彼女はいまにもこぼれそうな涙を目に浮かべていました。

「必死なのだ」

そうわたしは思いました。一つの裸電球の光が二人を眺めていました。沈黙が破れました。

「明石さん、わたしは貴方が好きだったのです」

そういうと堪えていた涙が頬を流れました。

それでもわたしはかける言葉を探しあぐねていました。

「沖縄に帰りたくはない、貴方と一緒に居たい。でも命令で……仕方がないの」

この言葉を口にするのにどれだけの勇気がいったでしょうか。彼女の手が差し出されました。わたしは無意識に手を出しました。わたしの手が彼女の両手の中にありました。彼女は心の内の思いをこの一瞬に込めたのです。

「明石さん、わたしがいたということを忘れないで」

わたしは何かいわなければと焦りましたが、

「うん、……君も元気で」

としかいえませんでした。

沖縄が敗れたと報道されたとき、わたしは戦争を呪いました。そして静かに彼女の冥福を祈りました。彼女が夢に現れました。美しく笑っていました。涙がとめどなく溢れてきました。

戦況の悪化

本土初空襲後、戦況は悪化の一途を辿っていきました。

1942年（昭和17年）6月

ミッドウェー海戦　本土初爆撃にショックをうけた大本営は、山本五十六連合艦隊司令長官に対して、ミッドウェー島の攻略を命令。約350隻の艦隊、飛行機約1000機、将兵10万人以上の大出動で行われたが、すでに暗号解読によって作戦を知っていたアメリカは機動部隊をミッドウェー海域に待機させており、連合艦隊は、空母4隻、重巡洋艦1隻、飛行機約300機、兵員約3000名を失って、大敗を喫した。以降日本は制海権をほぼ失う。

1942年（昭和17年）8月～1943年（昭和18年）2月

ガダルカナル島の攻防　ソロモン海域のガダルカナル島の攻防では戦死者約20000人のうち餓死、病死は約15000人にも及んだ。大本営は退却を「名誉ある転進」と発表した。

1943年（昭和18年）5月

アッツ島玉砕　アリューシャン列島のアッツ島は一年前に日本軍が無血占領した島だったが、アメリカ軍の攻撃の前に守備隊の山崎大佐は残った兵力約300名を率いて最後の突撃を敢行して全員玉砕した。

1943年（昭和18年）11月

カイロ会談　アメリカのルーズベルト大統領、イギリスのチャーチル首相、中国国民政府の蔣介石主席がエジプトのカイロで会談し、日本の無条件降伏のために共同戦争を遂行すること、日本の降伏後は太平洋上の各諸島をはじめ満州（中国東北地方）、台湾、朝鮮の独立を認めるなど戦後処理についての原則を定めた。これに対して東条首相は全面反撃を表明。

1944年（昭和19年）6月〜7月

サイパン島の戦い　マリアナ諸島への攻撃を開始したアメリカ軍は、サイパンではまず空襲によって制空権を握ったあと、約70000人の兵力を上陸させた。日本の守備隊約30000人は必死の抵抗をつづけたが、その多くが玉砕。「本土の防波堤」サイパンが陥落したことで、東条首相の独裁政治に対する不信、批判が高まり内閣は総辞職に追い込まれた。

軍部は全面的に敗色が濃くなっているのに苛立ったのか、執拗に戦争を続けようとして特別攻撃隊（通称・神風特攻隊）を編成しました。往路の燃料だけで飛び立ち敵艦に体当たりするという「人間爆弾」ともいえる無謀な攻撃戦法をとったのです。

大岡昇平の『レイテ戦記（上）』に、沖縄戦の段階では、基地を飛び立つとともに司令官室めがけて突入の擬態を見せてから飛び去る特攻兵士があったという噂があります。誰が好んで死ぬものか。戦後、特攻兵士の遺書を集めた『きけ、わだつみのこえ』を読みました。

わたしが神戸大空襲を二度体験し、戦争がいかに愚劣なものであるかを忘れてはならぬという衝動が、『きけ、わだつみのこえ』の冒頭にある、渡辺一夫の「感想」の一部を記せしめました。

> （前略）若い戦歿《せんぼつ》学徒の何人かに、一時でも過激な日本主義的なことや戦争謳歌に近いことを書き綴《つづ》らせるにいたった酷薄《こくはく》な条件とは、あの極めて愚劣な戦争と、あの極めて残忍闇黒な国家組織と軍隊組織とその主要構成員とであったことを思い、これらの痛ましい若干の記録は、追いつめられ、狂乱せしめられた若い魂の叫び声に外《ほか》なら

ぬと考えた。そして、影響を顧慮《こりょ》することも当然であるが、これらの極度に痛ましい記録を公表することは、我々として耐えられないとも思い、（著者注：軍国主義的な文章を採録しないという）出版部側の意見に賛成したのである。その上、今記したような痛ましい記録を、更に痛ましくしたような言辞を戦前戦中に弄《ろう》して、若い学徒を煽《おだ》てあげていた人々が、現に平気で平和を享受《きょうじゅ》していることを思う時、純真なるがままに、扇動《せんどう》の犠牲になり、しかも今は、白骨となっている学徒諸氏の切ない痛ましすぎる声は、しばらく伏せたほうがよいとも思ったしだいだ。

しかし、それでも本書のいかなる頁《ページ》にも、追いつめられた若い魂が、――自然死ではもちろんなく、自殺でもない死、他殺死を自ら求めるように、またこれを「散華《さんげ》」と思うように、訓練され、教育された若い魂が、若い生命ある人間として、また夢多かるべき青年として、また十分な理性を育てられた学徒として、不合理を合理として認め、いやなことをすきなことと思い、不自然を自然と考えねばならぬように強《し》いられ、縛《しば》りつけられ、追いこまれた時に、発した叫び声が聞かれるのである。（中略）

僕は、人間が追いつめられると獣や機械になるということを考えるのであるが、人間らしい感情、人間として磨《みが》きあげねばならぬ理性を持っている青年が、かくのごとき状態に無理やりに置かれて、もはや逃《のが》れ出る望みがなくなった時、獣や機械に無理やりにされてしまう直前に、本書に見られるようなうめき声や絶叫が、黙々として立てられたことを思えば、もはや、人間を追いつめるような、特に若い人々を追いつめるようなことは一切、人間社会から除き去らねばならぬことを沁々《しみじみ》と感ずる。戦争というものは、いかなる戦争でも、必ず人間を追いつめるものである。相手に銃をつきつけたら相手も銃をこっちにつきつけるであろうし、相手が銃がつきつけたら、こっちも銃をつきつけるであろう。これは追いつめられた状態の最も単純な例であろうが、こうした単純な例から抹殺《まっさつ》してゆかねばならない。「私は合法性への迷信を持つものではないが、暴力は人間としての弱さであると思う」というジャン・ジョレースの言葉を思い出すが、この弱さ、この恥ずべき弱さを、人間に強《し》いるのが戦争であり、一切の暴力運動である。(中略)

死んだ人々は、還《かえ》ってこない以上、
生き残った人々は、何が判《わか》ればいい?
死んだ人々には、慨《なげ》く術《すべ》もない以上、
生き残った人々は、誰のこと、何を、慨《なげ》いたらいい?

死んだ人々は、もはや黙ってはいられぬ以上、
生き残った人々は沈黙を守るべきなのか?

（『きけ、わだつみのこえ─日本戦没学生の手記』岩波文庫）

渡辺一夫が序文の締めくくりに引用したジャン・タルジューの詩に即していえば、わたし松之助は「沈黙を守るべき」だと思います。なにか運動を起こせばそれが必ず争いのもとになると思うからです。「汝ら、神の前に静まれ」。この聖書の言葉を味わうべきです。

神戸大空襲――九死に一生を得る

徴兵検査の年齢が繰り下げられて十九歳になりました。

検査場へ行くと、立ったまま目をつぶれといわれます。そして時計の音が聞こえたら手を上げよ、といわれました。そこでわたしは初めて自分の右の耳が難聴であることを知らされたのです。

わたしは難聴を嘆くのではなく、むしろ「しめた」と思いました。海兵団、戦車学校、航空兵、整備兵、陸軍技工学校と次々と検査を受けに行ったのです。もちろんそれは、採用される心配がないとわかっての行動です。しかも検査を受けに行く日は有給休暇扱いになるのでした。検査場へ行って「右の耳が難聴です」というとすぐに「帰れ」との言葉が返ってきました。

町では「千人針」といって、サラシに赤い糸で結び目を千人の人につくってもらい、その中に五銭玉を縫い込むということが行われていました。これには「死線（四銭）を超える」という洒落のような意味があったのです。出征兵士は「祝、某君」と書かれた幟を先頭に湊川神社に武運長久を祈ってお参りします。「お国のために死んでまいります」と挨拶したはずなのに、武運長久は「命永らえさせ賜え」なのでまるで正反対の意味なのですが、誰もがそんなことは気にしなかったのです。

わたしは友達が出征するときは神戸駅まで行き、三・三・七拍子の音頭取りを一杯機嫌で派手にやり、喜ばれました。わたしと同年の者は全員出征していきましたが、わたしには「赤紙」と呼ばれる召集令状は届きませんでした。このことはいま以て不思議に思っています。母子家庭だったから？　いえ、そんなことに容赦なく召集令状はやってきていました。わたしの書類一枚が何かの都合で紛失したか、風で飛ばされたので助かったとしか思えません。

若者が戦地へ赴くのと同時に戦死者の遺骨が帰ってきていました。遺族は「お国の役にたって嬉しいかぎりです」と挨拶したが、これは嘘です。世間体をはかっての嘘でした。お腹を痛めて産んだわが子の命が、一枚の赤紙で失われたのです。母親は大声で泣きたかったに違いない。恨みをこらえて台所の片隅でエプロンを噛みしめていたに違いないのです。

「一体、誰のため、何のために命を捨てたのか」

わたしはバカらしいと思いました。自分の命を易々と捨てられるものか。戦争は勝っても負けても殺人に違いない。人命を一銭五厘の赤紙で捨てる、人の命が消耗品になっていたのです。

本土空襲がはじまりました。警戒警報が鳴り、敵の爆撃機が本土に向かっていることを告げました。それから一時間あまりで空襲警報に変わりました。敵の爆撃機が本土に接近したのです。

わたしの家では、警戒警報が鳴るとご飯を炊きました。

「ひょっとしてこれが食べおさめかもしれぬ。生きているうちに食べておかないと」

しかし、死を覚悟しているようで、一方では自分たちは死なないと思っていたので、その声は妙に明るかった。空襲の恐ろしさを未だ知らなかったからでしょう。

1945年（昭和20年）3月17日、神戸上空に数十機のB29爆撃機が押し寄せました。対空砲火は無力化し制空権は敵の手にありました。

照明弾が落とされると、周囲は真昼のような明るさになりました。続いて、一つの筒に三十六発はいっていた焼夷弾が無数に落とされます。何百発とも知れぬ焼夷弾が空中に開く様はまさに花火でした。この花火が神戸の町の大半を瞬く間に焼き尽くしていったのです。

防空訓練で教えられた消化方法は役に立ちませんでした。わたしは母親を先に避難させました。焼夷弾の火が襖に燃え移りました。必死になって外に飛び出すと家々は炎を吹き出していました。電車通に出ました。火の川が唸り声をあげて流れています。本能的に、そう本能的にでした、地上に伏せていました。火の川底と地面の間にわずかに隙がありました。その隙間を風上へいこうと腹這いで進みました。しかし数メートル進んだところで息苦しくなってきました。

「もう駄目か」

と、思った時に手に触れたものがありました。防火水槽でした。瞬間わたしの体は水槽に蹲《うずくま》っていました。水はお腹のところまでしかない。すぐそばで燃えている熱気が容赦なく頭を焼こうとする。水をかぶったその手に濡れた布団があり、慌ててそれを引っかぶった。すると違う力で布団が引っ張り返された。先に人がはいっていたのです。布団をとられては死ぬ、布団だけは放せない。そう思い引っ張り返したが、むこうも必死でした。布団を引っ張る。喉が渇いている。片手で布団をひっぱりながら水槽の水を口にしました。それでも「苦しいッ　水をくれッ」と銘々が断末魔の声を振り絞って叫んでいる。手が水槽の中に伸びてきました。水が減っては死ぬ、本能的にその手を押し返していました。生きたい。ただそれだけの動きでした。布団が引っ張られて頭が出る、「なにをさらす」とばかりに布団をこちらへ引っ張りました。

「棟が真っ直ぐ下に落ちたぞ、助かったぞ」

という声がしました。わたしは布団を少し持ち上げて外の様子を窺いました。水槽の周りにはボロ屑のようになった人が倒れていました。生と死の間をさまよい、運よく生を与えられたことを誰もが信じられず呆然としていました。少しの時間を置いて生きているということが分かったときに、一斉に人々は泣き声をあげました。それ以外に喜びを表現する方法はなかったのです。

わたしは水槽の中に立ち上がりました。「隣の奴はいったいどんな奴や」と半ば憎しみのこもった思いで振り返りました。そこにあったのは母親の煤けた顔でした。親子で生死を争っていたのです。しかし、もし水槽の中で死んだとしても母親と一緒だったのです。

母親の顔を見るなりわたしは、

「お母ちゃんか、何をしてたんや先に逃げたのに」

と怒鳴りつけていました。

「表へ出たら近所はみな燃えていて、ここへ来るのがやっとやったんや」

水に濡れた母親は恐怖のさめやらぬ声でいいました。

次の瞬間、わたしは、

「お母ちゃんが助かってよかった」

といっていました。布団は母親が持ってきたのでしょう。わたしは母親に助けてもらったようなものでした。

「さあ、出ておいで」

わたしの差し出した手に母親はすがりました。その小さな体を抱きかかえるようにして水槽の外に出しました。

辺りを見回すと、三時間前まではあった建物が、すべてなくなっていました。見渡すかぎり瓦礫の海が大きくうねっていました。無差別爆撃です。戦争は人を狂気に駆り立てる。そうでなければ大量殺人を機械的に平然と行えるはずはありません。

わたしはこの火事で両手の甲に火傷を負いました。いまも火傷痕はわたしの手の甲にはっきりと残っています。

夜が明け、炊き出しの握り飯で飢えた腹を満たし、被災者証明書を受け取り、さてこれからどうしたものかと思いました。わたしが持っているのは、子供の頃に買ってもらった絣の着物と、グレイのオーバーだけでした。空襲後は一時、尼崎の伯母のところへ避難しましたが、神戸に引き返して布引《ぬのびき》の滝が流れている生田川《いくたがわ》の近くに家を借りました。そのころ空き家はいくらでもあったのです。そこで6月の5日に二度目の大空襲に遭いました。今度は消火など見向きもせずに逃げ出しました。警防団員（そんなものがあったのです）が「消火、消火」と呼びかけていましたが、

「オッサンあかん、あかん、逃げるが勝ちやで」

と言い捨てて、わたしと母親は生田川の土手に登りました。焼夷弾の直撃を警戒して母親を大きな樹の、太い枝の下に立たせました。すぐ近くに焼夷弾が落ちて火を吹いているのが見えました。

「お母ちゃん、動いたらあかんで」

といって駆け出し、土手の砂を焼夷弾にかけていますと、

「ギャッ」

焼夷弾の直撃でやられたのでしょう、声が聞こえてきました。

「人間の命てホンマに儚いもんやなぁ、一瞬の中に生と死が分かれる。これが運命か」

とわたしは思いました。この後も尼崎の伯母の家にしばらく厄介になることになりましたが、これからが食糧難との戦いになるのでした。

終戦間際

軍部が戦争に「勝利、勝利」と報道しても、敗戦の色が濃いのは配給米に現れてきました。二合三勺の配給が途切れがちになってきました。「腹が減っては戦はできぬ」ではありませんが、農家へ衣料を持って行ってはお米と交換するようになりました。そのうちに配給米に玉蜀黍《とうもろこし》や豆粕《まめかす》が混ざるようになりました。町の食堂で高粱米《こうりやんまい》の薄いお粥が売り出されると、顔色の悪いヒョロヒョロとした人々の列ができました。気がつくと湊川神社の鳩が一羽もいなくなっていました。

工場の給食もはじめは麦が混ざっていましたが、それが玉蜀黍の挽割りが九分でお米は玉蜀黍にすがりついているようなものになりました。

神戸港の第一関門から御用船が出航していきますが、その船首にある一基の砲塔はベニヤ板でこしらえたものでした。その御用船が紀伊水道を出たところで沈められたり、川崎造船所から出ていった航空母艦が船体に魚雷を受けて引き返してきたりして、大阪湾内に敵の潜水艦が入ってきたといううわさも嘘ではないと思うようになりました。

兵器の材料も不足しているということで、供出という名目で、金銀、鉄製品を代償なしで引き取られるようになりました。「この戦争は負けや」とはっきりと分かるようになっているのに、軍部は「本土決戦」という無謀なことを言い出し、そしてついには8月6日に広島に人類最初の原子爆弾が投下されました。軍部はそれを秘していましたが、人の口伝えとは早いもので、その日のうちにわたしの耳にも入りました。ついで8月9日に長崎にも原子爆弾が投下されました。そして15日に日本は無条件降伏をしたのです。

どうしてもっと早く降伏しなかったのでしょう。囲碁には「中押《ちゅうおし》」というルールがあって、敗色が決定的になった時、碁石を数えることなく投了することができます。軍部も沖縄を占領される前に降伏していたら、大勢の人の命を失わずに済んだのになぜそうしなかったのか。神風が吹くとでも本気で思っていたのでしょうか。

終戦間際には、特攻隊といって、飛行機で敵艦に体当たりするという、生きては帰ることのない無謀な戦略を軍部はとるようになりました。わたしは『きけ、わだつみのこえ』の特攻隊の人の手紙を読んで泣きました。誰も喜んで死ににいくものはありません。優秀な学徒が特攻隊で意味のない死を遂げたのです。なぜ人は殺し合いをするのでしょう。他人の意志で死ぬという無茶なことが「お国の為」という名目で平然と行われていたのです。

わたしは国家という存在に疑問を持ちました。わたしは自分が希望してこの国に生まれたわけではありません、偶然この土地に生まれ、多くの日本人という民族の集団の一員となり生活していたのです。それがある日突然少数の人間によって自由を奪われ、大切な命を犬死とされたのです。神様はなぜこんな残酷なことをされるのでしょう。いえ神様がなされたことではありません。無知な人間の欲望に無理やり従わされたのです。

敗戦の日、鈍色《にびいろ》の空にひさしぶりに青空がのぞいた思いがしました。

「やっと終わった」

民衆の誰しもがそう思ったのに違いありません。

そして、軍部上層部はいつのまにか敗戦を終戦と言い換えるようになりました。それを聞いてわたしはまだ民衆を騙すということに懲りていないのかと思いました。敗戦処理にあたった、宮様内閣の東久邇宮《ひがしくにのみや》首相は8月28日の記者会見で、

「国民はことごとく反省しなければならぬ」

と発言。報道陣もこれを受けて「敗戦の責任は国民ひとしく負わねばならぬ」などと伝えていましたが、その後、「戦争責任をうやむやにするものだ」という批判が強くなり、この内閣は総辞職しました。

現実をそのままに受け入れることのできない人間がいたのです。

戦後——食べるだけで必死の毎日

戦後、町のあちらこちらにはバラック建ての「闇市」が立つようになりました。闇市の店頭には戦時中にはなかった品物が並んでいました。

当時一番恐れられていたのは「特攻隊崩れ」という人達でした。生きて帰れぬと知りながら死地に赴くはずが、一足違いで国が降伏し、ないものと思っていた命を保つことのできた人達のことです。信じていたものに裏切られたという鬱屈した心を持つ人々でした。飛行服で歩くその人々を町の人々は遠巻きにして眺めていました。

町にパンパンと呼ばれる町娼婦が出ていました。この人達も戦争の被害者です。自分たちが食べるために、性欲を満たそうとする男達に体を商品として提供してきた女性です。

戦後の食糧難はひどいものでした。人は食糧を求めて遠方まで出かけていきます。「魔の夜行列車」というものがありました。大阪駅を十二時過ぎに出る列車ですが、列車には窓ガラスは一枚もありません。乗客が先を争って乗り降りする際にすべて破られてしまったからです。

そして必死になってようやく手に入れた食糧も「食糧管理法」が一片の慈悲の心も無く

遮りました。要所の駅で警察が食糧を没収するのです。また、列車には盗人が乗り込んでいて、座席で眠っている人の腕時計をはずして盗むといったことも行われていました。わたしはその現場を見たことがありますが実に見事なものでした。また別の盗人が窓から飛び降りながら網棚の荷物を攫っていくというのも見たことがあります。

そうして買出しが難しくなってくると日雇人夫に行くようになりました。被災地の後片づけや、壊れた家の解体作業をするのです。鋳物工場の雑役もやりました。ここではミシンの脚を造っていました。職人はおおげさにいっていましたが、わたしにはちょっと教えてもらえればすぐにでもできるのではないかと思えるような仕事です。この工場には小さいながらも溶鉱炉があり、その中の耐火レンガが損傷していたので、その張り替えをやってみよ、といわれました。レンガを積むのは子供の頃から父親がやっているのを見ていますので上手く積むことができました。それを見た職長は見学に来ていた人に、

「これは素人のこの男が積んだのです、素人にこれだけの仕事ができるのです」

といいました。

考えてみると、毎日が食べるだけで必死の毎日でした。ほどなくしてわたしは工場の仕事にも飽きてしまいました。

「人間はなんで生きとらないかんのや」

あるとき、母親に尋ねました。

「生きてるもんは生きてなしょがないがな」

母親からはそんな答えが返ってきました。

「ふん、しょうがないので生きてるのか。それは惰性で生きてるのやないか」

そしてわたしは自分で一つの答えを見つけたのです。

「好きなことをして死のう、そうせな損や」

これなら生きてきたことに後悔しないこととは一体なんであろうか。いろいろ考えた末に出た答えが、落語家になろうということでした。

弟子入り

わたしが落語家になる道を選んだのにはそれなりの理由があります。

わたしは子供の頃からエンタツやアチャコの喜劇の舞台を見ていました。ですから芸人になろうと思った当初は喜劇役者志望だったのですが、自分の性格からして人に好かれることはないだろう、そうしたら芝居の役も良い役がもらえない。それでは頭を上げる機会はないだろうと思いました。

次に考えたのは漫才でした。しかし、自分のような我儘《わがまま》な人間はすぐに相方と意見が衝突してコンビ解散となってしまうだろう。それでは看板になれない、どうしたらよいのか？それなら落語家はどうだろう。落語家は一人だからこれで意見が衝突するようでは精神分裂だ。

学校では腕白でも面白いことにかけては一番でした。芸人なら死んだ時に新聞の下に小さく名前も出ます。実に単純な考え方でした。

父親はよく「芸人なんて人間の屑のするこっちゃ、あいつ等は舞台でしてることと、実生活とは全く違うことをしてるのや」と軽蔑していましたが、わたしは父親に反抗するように落語家になったのです。落語家になる前に母親に打ち明け、「三年だけ辛抱して欲しい、三年経って一人前になれなんだら真面目に働くさかい」と誓いました。

母親は「芸人になるにしては遅い、十代からやらなんだら」といいましたが、二、三軒の占い師にみてもらいに出かけるとどこでも「適職や」といわれたそうです。それでも心配で焼き芋屋の婆さんにも占ってもらったところ、その婆さんは焼き芋の竈《かまど》の下の火を見ながら、

「三味線や太鼓の音が聞こえる、おうてる仕事やと思う」

そう言ってまた竈の方へ目をやったのです。

母親は尋ね、わたしは答えました。

「誰の弟子になるのや」

「五代目笑福亭松鶴《しょかく》や」

子供の時から人に笑ってもらうこと、笑わすことが好きでした。戦後、復活した寄席にも通っていました。

「新演芸」という小さな雑誌に「五代目笑福亭松鶴論」という見出しで、正岡容《いるる》が記事を書いていました。五代目笑福亭松鶴の描写のすぐれたこと、また欠点も指摘していました。

その中でわたしの心をひいたのは、五代目が東京へ行った時に、その日のお客の反応を自

分の出来不出来に比べて細かくノートに記していたことでした。五代目の落語にたいする愛情と情熱の深さを感じました。

「よしッ、おれも松鶴のように落語を愛する落語家になろう」

わたしはそう決心したのです。

入門すると意を決したわたしは演芸場の「戎橋松竹《えびすばししようちく》」へ向かいました。この戎橋松竹というのは千日前通りと御堂筋の交差する南西にありました。定員が三百五十人くらいでしたでしょうか。全席指定で二階もありました。わたしは月替わりにこの演芸場へ通っていたのです。

演芸場と電車道を挟んだ手前にわたしは立ちましたが、さてとなるとなかなか入れるものではありません。五代目に面会するのにためらいを感じて行ったり来たりを繰り返していました。

意を決して入口で支配人に会い、大きく息を吸って松鶴の弟子になりたいと告げると、支配人は「へぇ、いまどきに」というように怪訝な顔を見せました。

支配人に連れられて楽屋へ行きましたら、狭い楽屋の一番奥に五代目は毛布を被って横になっていました。支配人が声をかけるとムックリと起き上がって支配人の言葉を聞きひ

と言、「ご飯食べられへんで」と言いました。わたしは、

「分かっています」

といいました。そういったのはそれまでに文楽の人形遣いや太夫の修行の苦しさを『文楽の研究』という本で知っていたからです。

これで入門が決まったのです。1948年（昭和23年）6月4日のことでした。翌日からは楽屋へ行って、舞台の袖から好きな演芸が無料で見られるのをうれしく思ったことを覚えています。

兄弟子は、後に六代目松鶴になる光鶴《こかく》（松鶴の実子）でした。

「お前おかしいのんと違うか、以前にも二人弟子入りしたが、しばらくしてやめてしまいよったんや。もう落語家になる奴なんかいないと思う、もしいたらそいつはアホやで、と親父と話してたんや。そこへお前が来たんや」

とアホウ扱いにされてしまいました。ですから師匠もわたしが長続きしないのだろうと思っていたのに違いありません。

初舞台は市電の寮でした。

入門した次の日に楽屋へいくと師匠に呼ばれました。

「なにか覚えているネタはあるか？」

「『寄合酒《よりあいざけ》』なら覚えています」

「そうか、そんならここでやってみぃ」

わたしは師匠と膝つきあわせて、ちいさな声で一席やりました。

「ウン、それでええわ。お芳さん、日出《ひで》を呼んでんか」

そういって光鶴を呼びました。

「お前らの会は今度どこであるのや」

「17日に寺田町の市田の寮でやるねん」

「そんなら」

とわたしに顔をむけて、

「これを」

と、人を品物みたいにいうのです。

「これをそこへだしてやってんか」

入門して十三日目にお客の前に出てしゃべる。それもちゃんとした稽古なしで。これがわたしの初舞台となりました。

この稼業のいい加減さを知らされたようでした。当日、寮の広間には電球が一つ灯っていました。わたしは手ぬぐいを二枚もって舞台に出ました。一枚は汗を拭くためです。しゃべりかけると客席は真っ暗になりました。汗が滝のように流れました。何がなんだか分からぬうちに一席は終わっていました。

演芸場のお囃子場に座っていると、立花家花橘《たちばなやかきつ》がグラグラする手摺りを頼りはしご段を降りてきて、わたしを見て、

「ええ体してるやないか、真面目に働いたらええのに」

といいました。

それを聞いてわたしは、落語家はみんな自分は道楽者だと自覚しているのだと知りました。しかしだからこそ舞台で面白さが出るのです。真面目な落語家なんて存在してはいけないのです。

戎橋松竹で色かわりに「のど自慢大会」というのをやったことがあります。お客さんを舞台にあげて得意の芸を披露させるのです。司会は東京落語の桂右女助《うめすけ》師匠でした。師匠が「出てみぃ」というので「寄合酒」で舞台に上がりました。すると優勝してしまいました。後日、右女助師匠が「五代目さんのお弟子さんでしたか。道理で違うと思いました」といってくれました。

二代目笑福亭松之助の誕生

弟子入りしてしばらくしても、師匠は一向に芸名をつけてくれませんでした。師匠がそうしなかったのはわたしがすぐにやめるだろうと思っていたからなのかもしれません。しかし、わたしは「やめるかい、命がけでなったんや」。そんな反発みたいなものがありました。

弟子入りから三カ月経った9月、師匠の家の大掃除の手伝いに行きました。さぞ立派な家だろうとの予想は外れて二階建ての四軒長屋のうちの一軒でした。表が格子戸で石畳みがあり、ガラス障子を開けると沓脱ぎがある二畳の玄関でした。裏庭には石灯籠がありましたが、住み込んでいる女性が怠け者なのか、家の中は埃だらけでした。

掃除が終わった頃に師匠が稼業から戻ってきました。縁起棚を背にして台輪の火鉢の前に座り「今日はご苦労さんやったな。酒は呑むのんか、そうか、こんな時代で焼酎しかないが呑むか」といって一合は入るコップになみなみと焼酎を注いでくれました。わたしはそれを一息に呑み干してお代わりも一息にあけ、「おおきに、御馳走さんでした」といって表へ出ました。

このときのことをあとで師匠は「えらい奴が来よったで」と呆れていたそうです。

師匠も若い頃は酒呑みで知られていました。市電に乗ってお客が「あれは松鶴や」と話しているのを耳にすると、そばへ寄って行って「松鶴やったらなんやというね」と絡むので、一緒にいた娘さんが恥ずかしい思いをしたと話してくれました。

師匠が芸名をつけてくれたのは大掃除がすんでしばらく経ってからのことでした。二階にある楽屋の囃子場から首を出して下にいるわたしに、

「名前は松之助にしとき。日出男《ひでお》（光鶴の本名）がつけてた名前やから続くやろ。そのうちにええ名前を考えておく」

といって亀のように首を引っ込めました。ここに酒呑みで失敗ばかりする二代目笑福亭松之助が誕生したのです。

しかし、弟子入りし芸名をもらったとはいえ、「ご飯食べられへんで」という師匠の言葉どおり、それから落語一本で生活していけたわけではありませんでした。霞をたべて落語に専念というそんな美味い話はないのです。仕事のないときには日雇いの仕事に出ていました。ニコヨン、日当が二百四十円だったのでそう呼ばれていました。仕事は空襲（大阪は戦時中の大空襲で、市内の大半は灰燼となっていた）の後片付けでした。敗戦から三年も経っていましたが、焼け跡の整地作業はてんで進んでいなかったのです。

その後、二代目春團治《はるだんじ》の息子の小春（十九歳）と桂あやめ（十九歳）が入門し、若い落

語家は光鶴の兄貴とわたしを入れて四人になりました。小春は後に三代目桂春團治を襲名し、兄貴は六代目笑福亭松鶴、あやめは桂文枝になりましたが、わたしは松之助のままで今日までできました。

兄貴はわたしより七歳上の午年でしたが、わたしの生意気はこの頃にも発揮されていました。

兄貴がある日わたしにいいました。

「お前みたいな生意気な奴はないぞ、『ハイ、ハイ』というてたんは三カ月ぐらいで、それからは呼んだら『なんや』というがな」

それに対しわたしが、

「それが如何《どう》したというねん」

というと兄貴は黙ってしまいました。わたしは腹の中で（お前らと違うねんで、世間を知ってきてるし、生きる最後の砦として落語家になったんや、命を捨ててかかってるねん）とうそぶいていたのです。

入門からしばらくして師匠が、

「これは噺の基本やから、絶対に習うとかなあかんネタや」

と「東の旅」の「軽業《かるわざ》」までを教えてくれました。わたしが覚えると「よう見ておきや」

といって舞台にかけてくれました。わたしにはいまだに師匠の「基本」という言葉が忘れられません。それからは「東の旅」だけに熱中しました。次に「播州巡り」を教えてもらいました。これらのネタは昔は口捌きといって、今の「滑舌法《かつぜつほう》」に匹敵するものです。リズムとテンポを自然に飲み込ませるようにという先人たちの工夫の賜物なのです。

師匠の口利きで、京都の京極にある寄席「富貴《ふうき》」に出してもらいました。はじめは看板にもプログラムにも名前がありませんでしたが、二回目に行った時は二つ目になり、看板にもプログラムにも名前が載りました。三回目には三つ目にまでなりました。

この「富貴」では師匠十八番の「天王寺詣り」を厚かましくやりましたが、途中で息切れがし、言うことも口から出てきませんでした。お客さんに「えらいすみませんでした、勉強しますので」と謝って高座を降りました。

富貴で「寄合酒」をやっていて、サゲ近くなったとき、横で聞いていた夢路いとしさんの、

「ワアワアと申しまして」

という声が聞こえました。このネタのサゲはそうなっているのです。わたしは反抗心がおきて、

「キャアキャアと申しまして」

とやりました。夢路いとしさんは、「キャアキャアやて」と呆れていました。

新世界の日劇——丁稚奉公の心がけ

新世界の日劇（日本劇場）の四階に演芸場がありました。兄貴がそこへ出られるようにしてくれました。出番は五日間で一日二百五十円の出演料です。ここはお囃子がなかったので、自分で大太鼓をドンドンと打って舞台へ出なければなりませんでした。囃子がないので「播州巡り」を主として喋りましたが、このことがどれだけ勉強になったかしれません。お客さんは労務者が多いところでした。晴れの日はお客さんが少なかったのですが、雨になると満席になりました。わたしは労務者との肌あいがよかった。二、三カ月すると「松ちゃん」と声がかかるようになりました。

師匠は新世界について「あそこは怖いところや、ちょっとでも呼吸《いき》を抜いたら長椅子が舞台に飛んできよるねん」「舞台の道具を倒すという意地悪もしよる。そやさかい金槌を腰にさして出て、道具が倒れてきたら自分で立て直したもんや」といっていたので、わたしもその心がけで出向いていきました。

——丁稚奉公にいったら誰にでも好かれなあかん——

父のこの躾が役に立ちました。わたしは休憩にはオバサンに代わって幕引きをしたり、エレベーターの運転もしました（お客さんは、なんや松ちゃん、エレベーターの運転か、大変やなと声をかけてくれた）。ストリップの照明もやりました。一台しかない照明灯で女性を追うのは楽しいものでした。

オーナーはそんなわたしを気に入ってくれて、

「仕事がないときはいつでもいうてきたらええ」

といってくれるようになりました。

あるとき旅回りの芝居の役者が病気で倒れたときもオーナーが、

「松之助、お前が出てやれ」

芝居は落語の「風呂敷間男」を書き換えたものでした。わたしは演りたいように思う存分に動きました。そのときに漫才の人に化粧をしてもらったのですが、芸人は何でもできるのやなぁと感心したものです。

このときのことはオーナーもよく覚えていて、後にわたしが宝塚新芸座で芝居をするようになると、「松之助を役者にしたのはワシや」と誇らしげにいっていたと聞きました。

ある落語家が新世界の小屋を他の仕事で抜けたいとオーナーにいったときは、「松之助が代わりならOKしよう」といってもくれました。わたしは新芸座が終わると、新世界へ駆けつけました。わたしにとっては、ちょっとした「男の花道」だったのです。

食えなくなったら

わたしが弟子入りを頼んだとき、師匠は「ご飯食べられへんで」といっていましたが、今日この歳になって考えてみると芸人としての謙虚な気持ちだったようにも思います。こんな話を関大徹《せきだいてつ》という老師がしておられます。

私はムカシ人間である。いや、ムカシ坊さんといったほうがいいかもしれぬ。

人から見ると、どうも化石のような生き方をしているらしい。面と向かって、そのような顔をされる。それも普通の人ならいい。同じ仲間の坊さんにまで、そういう応対を受ける。実際に、口に出して、いまどき珍しいといって、チョンマゲを結った化け物が出てきたような目つきをされる。

珍しい、といっても、別段、アッと人をおどろかすような仕事をしているわけではない。縁あって禅僧として出家し、平凡に禅僧として生きてきただけのことである。

当然のことながら、妻はない。妻はないから、子もない。ついでにいえば、酒もタバコもたしなまず、食生活はずっと精進料理だから、菜食である。

なんのことはない。菜っ葉にたかった青虫みたいなもので、私自身もそのようなものだと心得ている。それが驚天動地の珍事となるらしいからおどろきである。どうやら、私の知らぬ間に天地がひっくり返ってしまったらしい。

猫がネズミを食うのが普通ではなくて、ネズミが猫をとって食う時代になったらしい。そうではないか。坊さんとして当り前の行儀を守ってきただけの私が、骨董品のように好奇の目で見られる。このまぶしさは、尋常ではない。

最近まで厄介になっていた福井県の吉峰寺《きっぽうじ》に、若い修行僧がやってきた。大学を出た頭のいい青年で、頭がいいだけでなく、青年らしい悩みももっていた。悩んでいる、といった。

それがどうも、悩みとは「兼職」についてであるという。兼職という、なんとも忙しげな言葉が、いつ頃からできたかは知らんが、どうも坊さんの世界だけのものらしい。職を兼ねる、つまり坊さんが、坊さん以外の職につくのである。なんのために、と問うてやるのは、坊さんに酷というものであろう。坊さんが、坊さんの仕事だけでは食えないからである。それで、お寺に住まいして、必要最低のお寺の生活を維持しながら、別に勤務に就き、一定の収入を得る。それによって、坊さんおよび坊さん一家の生活を支える。貧乏寺では、この形が普通になっている、と聞いている。

青年もまた、貧乏寺の出身で、貧乏寺を継ぐものとして、兼職をしなければならないことになる。それについて悩んでいるという。

この悩み、大いに結構である。すくなくとも、猫がネズミを食って普通という認識をまだ抱えている僧侶に出会ったような気がした。私は、「兼職などといういやらしい誘惑に負けるな」と激励してやった。「だって」と青年は、言葉を返した。兼職しなければ、食っていけない寺なんです――。

それでいいではないか。食えなければ食わねばよろしい。

いったい、高祖禅師（道元）以来、お寺へ入ったら食える保証など、どこにもあったためしはない。お寺で食えるというのが間違っているのであって、お寺は食う処ではない。

もったいないことに、自分の修行に夢中になっているために、お百姓さんのように一粒の米も生産することができないから、行乞《ぎょうこつ》に出て、すみませんといって、一握りの米をタダで頂戴して、生き永らえさしてもらっている。

自分は僧侶として好きなことをやっているのだから、一握りの米も頂けなくなったら、誰を恨むでもない。そのときは、心静かに飢え死にすればいい。高祖以来、みんなその覚悟でこられたからこそ、こんにちの禅門があり、禅僧といわれる人は、その祖風をしたって仏門に入ったはずである。

青年は沈黙した。いくら世情に鈍な私でも、それから先の科白《せりふ》はわからぬでもなかったが、沈黙したから、こちらも知らん顔をしてやった。たぶん、自分だけならいい、といいたかったのであろう。そんな顔をしていた。

自分だけならそれでいいが、この先、きちんとした寺院生活をしていく上で、妻もめとらねばならず、すると自然、子も出来る。それを養うてゆかねばならぬのである。自分だけなら食えなんだら食わなくてすむが、妻子を飢えさすわけにはいかない——。

なんということだ。


（中略）


どの先徳が、そのようなことを仰せられた。禅僧が禅僧としての修行を全うするために、妻の協力が必要であると説かれたか。本来、禅をやるものには、妻子は養えぬのである。仏道修行が女性《にょしょう》を近づけぬのは、単なる性欲の問題ではなく、そういう普通一般の日常という荷物が、重すぎるという理由もあると私は思う。

禅だけではない。自分で自分の好きな道に集中するものは、まず妻子というものを斥《しりぞ》けてかかったほうが無難であろう。好きなことをやりたい、妻子も食わせねばならぬというのは、それこそ二足のワラジであり、どだいムシのよすぎる注文である。

わが身一つ、いつ野垂れ死にしても満足という覚悟でなければ、それは、脇目もふらず自分の選んだ道を歩んでいるとはいえず、裏返していえば、妻子を養うということは、それほど値打があるということになる。すくなくとも、男たるもの、男の一途さを放棄せねば、妻はめとれぬ。子は設けられぬ。

私はさいわい、私の一途さにしたがって妻帯せずにきたが、その故に家庭という大きなお荷物からは解放された。このお荷物ゆえに、不本意に妥協したり、卑屈になったり、あるいは、そのために味わわされるであろう私の想像を絶するような断腸の思いからも解放された。思えば家庭をかかえ、日常をかかえている世の男性諸君は、私の修行にまさるともおとらぬ苦行をしておられるのかもしれぬ。いや、そうであろう。

生き様だけではない、死に様だってそうだ。独り身の私は、死期が来れば、自分の死期だけを見物しておればよい。後に心残りはない。実にさっぱりしたものである。

それにひきかえ、家庭の主たる身は、死期も来ぬ前から、死ぬことを心配してござる。食べたい美食も我慢し、したい贅沢も辛抱して、ひたすら蓄財貯金に励むのは、みんな「もしものことがあったら……」という不安のためであり、その上、健康管理にあけくれ、あげくは、生命保険などという極め付けまである。

なんのことはない。妻子のために死ぬこともままならぬのである。まさに憂き世である。

悪いことはいわない、まだ、妻帯の決心のつかぬ男性諸君は、この事の重大さに思いを馳せてほしい。家庭という重荷を背負うか、わが身一つの身軽さでゆくか、選択できる間に選択しておくことだ。

私は後者を選んだ。食えなんだら食うなとは、わが禅の古徳たちが口を酸っぱくして、いってこられたことだが、これは決して、痩《や》せ我慢でもなんでもないということがわかったのが、その選択の答えである。

食えなんだら飢えるのであり、飢えれば死ぬまでである。実に軽がると、生きてこられた。

（『食えなんだら食うな』関大徹、山手書房）

吉本興業の林正之助会長が冗談交じりに、

「松之助君、君たちの好きなことをするためにうちは舞台をこしらえてるのや、当たり前ならお金をもらわんならん」

といいましたが、その時にこれはホンマの話やなぁとわたしは思いました。好きなことをして、お金を儲ける。これほど厚かましいことはないと思ったのです。

師匠の旅立ち

1950年（昭和25年）の4月、「天王寺さん」で奉納演芸大会がありました。芸人は戎橋松竹からの掛け持ちです。わたしは師匠の二つくらい前で師匠の売り物の「くっしゃみ講釈」をやりました。この度胸には他の芸人さんが驚いたそうです。

宝塚へ出ていた時に文枝師匠のところへ「へっつい幽霊」を教えてもらいに行った時に、その話を持ち出され「赤い小便が出なんだか」と聞かれ「いえ、なんともありませんでした」と答えたら「素人には勝てんわ」と呆れられました。後にうめだ花月で漫才の一輪亭花蝶さんは、「この男はえらい男やで。五代目の前へ出て、五代目の売り物の『くっしゃみ』をやったんやから」と、十数年経っても人に話していました。

師匠はその前年の中頃から体調を崩して入退院を繰り返していました。最後は「家に帰りたい」というので、家で療養していました。

師匠最後の舞台は1950年（昭和25年）、道頓堀の中座《なかざ》で開かれた演芸大会です。そのころ師匠は足腰が不自由になっていました。わたしは楽屋まで師匠を背負っていきました。師匠の出番になり、一旦幕が降ろされました。舞台中央にテーブルが用意されます。

すでに師匠は座ることができなかったのです。わたしは師匠をテーブルの前に立たせました。師匠の体は小さく揺れていました。

——もし倒れるようなことがあったら——

わたしは幕の後で両手をひろげて待機していました。

師匠は一席を無事に務めました。お客には病気のことは知られていません。わたしは師匠の前に立って背中を向けました。師匠は力なくわたしの背中に身を任せてきました。

名人・五代目松鶴がその後ふたたび舞台に立つことはありませんでした。

床に臥せった師匠の世話はわたしがしました。父親の世話をしている心境でした。

6月、床に臥せっていた師匠が、わたしに「起こしてくれ」と声をかけてきました。そして床に起き上がると、

「このネタは覚えておき」

歪んだ口元でそういうと「桜の宮」を一席しゃべったのです。舌はもつれていませんでした。わたしはこの落語を確かにこの男・松之助に伝えた、という安堵の色が顔に浮かんでいました。わたしは、このネタを忘れてはならぬと心に誓いました。

師匠は寝たきりになりました。昏々と眠る師匠を眺めながらわたしは父親を思い出していました。父親の亡くなる前は薄情な態度をとっていたのです。父親は怒っていました。

怒られると余計に反抗して、優しい言葉の一つもかけず、かえって突き放すようなことをいっていた。後で誰かが「ああすることで別れが辛くないのや」といってくれたが、やはり本心は淋しかったのです。師匠の顔に父親の顔が重なりました。師匠に尽くすことによって親不幸の贖罪ができたように思いました。

師匠はその年の7月22日に、

煩悩をふり分けにしてきょうの旅

という辞世を残して「西の旅」に立ちました。この人に人生のすべてを託していました。この人の懐だったから自由に振舞えたのです。その人が亡くなった。この悲しみは、せまりくる夕闇の廃墟に佗み、飢えと寒さに震えながら親の姿を探しもとめる幼子と同じでした。呼んでも帰らぬとはわかっていても「師匠々々」と呼び続けました。涙は尽きることがありませんでした。

師匠とは、わずか二年と一カ月の縁でした。しかし、いまもわたしは師匠の情熱を受け継いで落語に向かっています。五代目松鶴の落語を消してはならないという気持ちはいつも変わることなく溢れているのです。

師匠は1935年（昭和10年）に枝鶴から五代目松鶴を襲名し、落語に代わって台頭してきた漫才と戦った落語家でした。吉本の興行の舞台を円満に降り、その後は「楽語荘」を主宰。雑誌『上方はなし』を四十九集まで自費出版して上方落語の存続に力を注ぎ、戦後は戎橋松竹の舞台に上がって上方落語の普及に努めた功績は多くの人に称賛されていました。

夏草やつわものどもが夢のあと――己の業績の結果を見ることなく、すべてを捨てて、偉大なる落語家五代目笑福亭松鶴はわたしの前に静かに眠っていました。お釈迦様はいわれました。「諸行無常」と。すべてのものは移り変わっていきます、一つとしてこの世のものでいつまでも存在するものはない、これが存在するものの本当の姿です。

人の世の儚さがわたしの胸に広がっていきました。師匠を人生の生きる杖とも頼んでいたのです。前途が真っ暗になりました、そして大声をあげて泣きました。師匠は数えで六十七歳でした。不思議にも父親と同じ年齢でしたので、悲しみはより深いものになりました。

葬式は四天王寺で盛大に行われました。家を出るとき、兄貴が先頭でその次が孫の小つる、それに続いて私という順番でした。これは兄貴が私に気をつかってくれたのです。もし私が家族の後ろで単なる弟子扱いなら承知しないと分かっていたのだと思います。

四代目桂米團治師匠の教え

師匠が亡くなってもわたしの周囲には何の変化も起きませんでした。相変わらず新世界の演芸場に通い、余興と若手落語会のわずかな収入しかありませんでした。三年と約束をした母も業を煮やして「やめてしまえ」と激しい語調でいうようになりました。

わたしは生きる頼りとして落語家になったのです。それを「やめてしまえ」といわれてしまっては「生きる目標」がなくなります。自殺を図りましたが酔っていたせいか薬を吐いてしまいました。三日間、寝込みましたが母親に引きずり起こされて目が覚めました。母親にはわたしの真意が届いていませんでした。

こうなってわかったことといえば、わたしは仕事を自分で見つけるという方法を知らなかったということです。プロダクションへ顔を出して回る、というこの道の商売の方法を知らなかったのです。

仕事は兄貴が見つけてきてくれました。今度の仕事は、高槻の奥の余興でした。落語ではなく、兄貴と「新町橋《しんまちばし》」という仁輪加《にわか》(ボケと突っ込みによる芝居)をするのです。わたしはこの「新町橋」を知りませんでした。難波から大阪駅までは地下鉄の乗車賃がなかったので御堂筋を歩きながら兄貴に「新町橋」を教えてもらいました。

高槻の祭りは珍しいものでした。夜中に遥か下の方から神輿《みこし》を担ぎ、その後に松明の火が続きます。兄貴とわたしは特設の舞台に上がりました。わたしはセリフを覚えていませんでした。紅白の幕の後ろから、漫才の先輩がセリフをつけてくれましたがうまく喋られません。前のお客が、

「こやつはほんまのアホやで」

という声がはっきりと聞こえました。散々な舞台でした。帰りにもらった握り飯が、ありがたかった。まだ食料難は続いていたのです。地方へ行って出演料の代わりに芋をもらったり、弁当箱にご飯をつめてもらったりしていた時代だったのです。

日本劇場にでている時、若松家正八という古い漫才師から仕事を頼まれました。姫路駅前の市場の二階の演芸場に出てほしいというのです。

「松之助さん、えらいすんまへんがポスターの名前が『桂春団治《はるだんじ》』になってますのやが、春団治でいっとくなはれ」

これには驚きました。現在ならテレビがあるから不可能なことですが、そのころの地方ではそれでいけたのです。この若松家正八という漫才師は、戦前、吉本の三流の小屋に出ていて、ある時、前借りを会社に申し込んだが断られたそうです。

「電車賃もおまへんね」

そういう正八に会社は、

「歩いてきたらええやないか」

一欠けらの情もなくいったそうです。翌日、彼は馬に乗って楽屋入りしました。これには会社も大変驚いたそうです。正八は会社の情のない言葉にむかついたのです。三流の芸人でも、芸人の気構えというものを持っていたのです。いざといえば何時でもやめる、道楽稼業、自由業と承知していたのです。

そのうち、わたしは今里におられた四代目桂米團治《よねだんじ》師匠のところに自由居候をさせてもらうことになりました。いつまでも一人前にならない倅に腹を立てた母親と喧嘩し、そのことを当時、若手落語家の指導的役割だった四代目師匠に話すと「わたしと同じ食べ物で辛抱できるのなら、うちへ来てはどうか」といわれて、その言葉に甘えたのです。お金のある時は不在、お金がなくなれば在宅というなんとも都合のよい居候でした。

この四代目師匠は少し変わったところのある師匠で、戎橋松竹に出ていたのに「ここでは自分の落語はできない」とやめてしまい、独演会を開いていました。家は代書屋をしていたそのままでしたが、ガラス戸の一枚にガラスが入っていません。仕事に出かける時はそこに帆布の寝椅子を立て掛けて出かけます。

娘さんはまだ幼子でした。娘さんを梯形《ていけい》立方体の箱に入れてその横に墨くろぐろと「サル目ヒト科・餌をやることはお断り」と書いて歩道に出していました。通る人は皆不思議そうに幼子と文字を見て通り過ぎて行きました。わたしはこの師匠から落語を七つ稽古してもらいましたが、五代目と違って理論的な稽古でした。

稽古を始めるにあたって「君は僕に心服できるか」と聞かれ「ハイ、心服します」と答えて稽古が始まりました。

落語の稽古をするときには、二人ともシャツとステテコ姿でした。そのシャツも洗濯したら乾くまで待たねばなりませんでした。差し向かいで食事をして、食事が終ったわたしが漬物をとって食べた。と、師匠が「そんな行儀の悪いことをしてはならぬ」といいました。が、二人とも上半身裸でご飯を食べていました。はじめからふたりとも行儀が悪いのにいまさらなんで、と思いました。

褒められたのは「松之助君のこしらえる味噌汁はうまい」ということだけでした。珍しく仕事があってその帰りがけ環状線の玉造《たまつくり》駅で下車、「松之助君、底をいれて帰ろうか」といわれました。家で呑むまえに少し呑んで帰ろうというのです。立ち呑み屋を出ると電車道づたいに今里の家につく。そして用意してあった焼酎の一升瓶を横において、落語以外のいろんな話を聞かせてもらいました。この師匠が嫁さんを詠んだ川柳があります。

玉に瑕うちの掃除をするなり

この嫁さんも貧乏に負けず明るく楽しい人で「松之助さんが来てくれて、お父さんに値打ちがでた」といわれました。私が師匠の仕事先で師匠の着替えを手伝うからです。それまでの弟子は自分の衣装を着るので精一杯でした。

師匠は一杯機嫌で幼児を風呂へ連れていくと、子供がアップアップしているのにも気がつかないし、幼児の体に石鹸を塗って洗い場をすべらして楽しんでいました。家の裏が区役所と税務署でしたが、代書屋をやっていながら、子供の出生届を出さなかったり、税務署には「あの家には何もない」と見放されているのに、衣装を布団カバーの間に隠したりしていました。表のガラス戸のガラスがないのに、出かけるときは戸をしめて鍵をかけていく、ホントウに訳の分からないところのあった師匠ですが、落語の稽古は厳しかった。わたしが今日も落語が崩れないのはこの師匠のお蔭です。

師匠のいわれたことでいまでも覚えているのは、「いまから落語を上手にやろうと思いなや。落語が陰気になるから」「ちょん髷《まげ》をつけてゴム長靴を履いているようなことはしいなや」。「いま、僕のいうた通りにやったらあかんで。いまはただ覚えておく。そしてわ

たしと同じ年代になったら、ああいうてたがホンマやったなぁと気がつくから」(そんなら何のための稽古ですねんな)

ＮＨＫのラジオ放送で「上方演芸会」というのを雁玉《がんぎょく》・十郎の司会でやっていました。わたしはその前説をやっていましたが、前説ばかりでは気の毒というので、本番で落語をやらせてもらうことになりました。ネタは四代目に教えてもらった「江戸荒物」という、江戸言葉で商いをしたら売れるだろうと江戸言葉を使って、最後は「釣瓶縄《つるべなわ》」を買いに来た女中に「綯《な》う」「無い」を間違えてオチになる十三分のネタでした。これは教えてもらってから十回以上舞台にかけていたのですが、ラジオの話をすると、「当日昼ここへ来て稽古をしていきなさい」ということで、稽古をしてもらいました。その稽古の丁寧なこと、四時間もかかりました。正座していましたが、頭はガンガン、痺れはきれる。最後の方は師匠の話も耳に入りませんでした。しかし、この稽古のお陰でＮＨＫに単独で使ってもらえるようになりました。

四代目からわずかの期間に九つのネタを教えてもらいました。また、焼酎での晩酌のときに酒の相手をしながら、いろいろな話を聞かせてもらいました。それをわたしは二百字帳に書きとめて、表に、説教憎、安楽庵策傳《あんらくあんさくでん》の「醒睡笑《せいすいしょう》」をもじって、「醒酔抄」と名づけて持っています。

それではその「醒酔抄」の二、三をご紹介します。

「醒酔抄」四世桂米團治

一、
ただ看板だけを大きくして金を儲けるだけという、そんな考えは最も卑しい芸人根性といわねばならない。何故ならば、これほど非生産的な職業はない。

二、
人生を愉快に過ごすということは、真面目ということである。壁に向かって、落語の稽古をするとき、真面目に熱中してやれば、何もかも忘れて法悦《ほうえつ》に浸ることができる。これほど愉快なことはないではないか。

三、
一つの人生観をもってすすむ、遊蕩《ゆうとう》三昧に暮らすのも盗っ人をするのも、一つの人生観をもっておれば、これも一つの生き方といえよう。しかるに、立派に世の中を過ごそうともせず、その反対にもなりきれず、何の考えもなしに過ごしている者こそ、ホントウの滓《かす》であり、この世に用のない人間だ。

この位でやめておきます。これ以上は企業秘密ですから。

四代目とはよく差し向かいで焼酎を呑みました。ある日小さなお膳をはさんで、鰯の干物を肴に呑んでいた時、わたしは常々疑問に思っていたことを四代目に聞きました。

「師匠、落語をやって人を笑わせお金をもらう、それがいったい何になるのですか」

師匠はしばらく考えていましたが、

「君は死ぬか坊主になるより仕方がない」

といわれました。

つまり「人間はなぜ生きねばならないのか」という疑問には答えてもらえなかったのです。

宝塚新芸座に誘われる

この年、1951年（昭和26年）9月8日、サンフランシスコ講和条約が締結されました。それと同時に「日米安全保障条約」が日米間で調印された。この「安保」と略称される条約によってあるのが、現在のこの国の姿です。

安保条約が結ばれたその月のことです。久しぶりに家に帰ると母親はいませんでしたが一通の茶封筒がおいてありました。

差出人を見ると、新世界の日劇で顔見知りの若手漫才集団のMZ研進会の主宰者、志摩八郎さんからでした。内容を見て飛び上がりました。11月から宝塚新芸座《たからづかしんげいざ》という劇団が発足するが、そこへ加入しないか、月給はこれこれだがどうかというものだったのです。なかでも給料がもらえるということが魅力でした。四代目のところに自由居候させてもらったのも、そもそもは落語で食っていけていないことについて母親と喧嘩したからです。

そこへ母親が帰ってきました。母親にこの話をすると泣かんばかりに喜んでくれました。これで親子二人が生活できるからです。母親と約束した三年は少しすぎていました。

新芸座へ入ることを四代目に相談しました。師匠は「落語の勉強に差し支えがないのなら結構なことだ」と喜んでくれました。そして新芸座に出演しているときに、ハガキの上を赤色に塗って（天紅という色気のあるものにして）「松ちゃん頑張れ、フレーッフレーッ」の激励をもらいました。

ところで、新芸座加入にはある人の口添えがありました。

五代目の最期の舞台となった中座での「演芸大会」のときのことです。五代目はもうその頃には足元に力がなく、わたしが楽屋まで背負って行き、本番中は幕の後ろで倒れてきたら受け止めるように構えていましたが、この時の様子が漫才の山崎正三さんの目にとまり「いまどきの若い者に似合わぬ」と友人の志摩八郎さんにいったのだそうです。

四代目桂米團治師匠の急逝

1951年（昭和26年）10月、四代目米團治師匠が急逝しました。旭区赤川町のキリスト教会経営の「母子寮」で落語会があった日です。高座から降りてくるなり「痛いッ、痛いッ」と二度頭を抱えたのが最後でした。夜もすいぶんと更けていました。亡骸は朝一番で家に連れて帰ろうと思っていたら、ここは「男子禁制」でたとえ遺体でも泊めることはできないといわれてしまいました。仕方ありません。師匠に頭からスッポリと毛布をかぶせ、わたしともう一人の二人でタクシーに乗り込み、運転手には「ちょっと悪酔いしよったんや」と嘘をつきました。「おいッ、しっかりせえ」「呑み過ぎるさかいやぞ」と声をかけながら、家まで連れて帰りました。

師匠の枕元に座って、わたしは「無常」という言葉を噛み締めました。「無常」とはお釈迦さまの教えで正しくは「諸行無常」といいます。

〝すべてのものは移り変わる。一つとしてこの世のもので固定してとどまるものはない。これが存在するもののほんとうの相《すがた》である。〟

つい一時間ほど前には高座に上がっていた。次の瞬間に死に誘われ、この世を去ってゆく。この世で得たものは何一つ持っていくことはできません。ただ一人で裸で去ってゆくのです。このことを深く考えれば、生きている一瞬がいかに大切か、一瞬をどう生きたらよいのか、わたしは神戸大空襲を思い出しました。「生と死」を分けるものはなにか？「好きなことをして死なな損や」と思っても、その好きなことの出来ないままに、死を迎えることもあるのです。

それなら、

人間はなぜ生きねばならないのか

また疑問が湧いてきたのです。

四代目が亡くなる少し前に、

「松之助君、ぼくは落語が分からなかった」

とわたしにいいました。

「オッサンそらないでッ」

心服しますといって稽古をはじめ、師匠のいわれることを聖書のように思っていたので、それを聞かされたときは裏切られたような気持ちになりました。四代目は落語を芸術としてとらえたかったのです。落語を芸術に高めようとしていたのです。しかし、これは大きな間違いで、落語は芸ですが芸術ではありません。お客さんに娯楽を提供するものでサービス業なのです。

四代目の落語は一席一時間あり、お客さんは退屈していましたが、そんなことはお構いなしに喋っていました。夏には幽霊の絵を大きく描いて「米團治独演会」と銘打ったポスターをこしらえました。お客は怪談芝居と間違えてやってきますが、落語が長いので退屈していきます。その上、幽霊は昔ながらの古い龕灯《がんとう》で幽霊になったわたしの顔に赤や青の灯をあてるだけです。お客は不満顔で帰っていきましたが四代目は平気でした。あるときなどお寺で昼間「落語会」をやったのですが、四代目は博多仁輪加の面をかぶって町回りをしました。これはわたしには出来ませんので断りました。「好きなことしかやらない」「嫌なことは相手が誰であろうと断る」、これはわたしの心がけでした。四代目は一人で太鼓を打って町を回っていましたが、この人はホントウはどんな人なのだろうと思いました。

四代目は落語が芸術でないと知ったとき、入門十年で廃業し代書屋を始めています。しかし、五代目松鶴師匠が「楽語荘」を結成したときに招かれて雑誌『上方はなし』の編集者と投稿者の二役を兼ねました。

『上方はなし』の中に中浜静圃のペンネームで「真の落語」を書いています。その一部を紹介して四代目の落語観を知ってもらいたいと思います。

（前略）落語家自身の手で迎合的に落語の格調を歪めず、時運に超然として本格的に精進せよといわれたのはまさに卓説である。これは良心ある芸術家として必然なさねばならぬことであると同時に、落語を今日の悲運より救う唯一の途でもあるのだ。私が前号でいった「真実の改良」とあわせて考えていただきたい。落語が今日の悲運を招いた原因は一、二にとどまらぬが、「あまりにも迎合しすぎたこと」などはそのもっとも大なるものとして挙げなければならぬ。往昔の芸術至上主義から興行本位にうつった時、すでに凋落への第一歩を踏み出していたのである。私はある種の噺を決して落語とは思わない。

（『上方はなし（上）』五代目笑福亭松鶴編、三一書房）

二人の師匠を失ったので、楽屋では「あの男を弟子にしたら早死にをする」といううわさが広まっていました。四代目師匠の言葉を聖書のように心に刻み、落語に対しました。

宝塚新芸座での初舞台

宝塚新芸座を創立した小林一三《いちぞう》先生の抱負を、『宝塚新芸座・記録』の中にある、1951年（昭和26年）の雑誌「歌劇」から拝借します。

宝塚新芸座は必ずその上品さと新鮮味によって、面白い、一種の新芸を創成し得るものと信じている。例えば、漫才、といえば二人の対話、軽快と滑稽との上に成立つ芸術（というのも大袈裟だが）として面白いけれど下等で卑しいという定評と非難があるけれど、宝塚の方は世間でいう漫才ではない、その対話は、洗練された警句とウイットと、その真面目さによって、笑わせられるほかに、形式に於ても、二人の対話の中にその中の親兄弟や友人や、又は通りすがりの他人が出て来たり、或は蔭の声や、名調子の流行唄や、音曲や、そういう世界のバラエティーを無限に利用するのだという当局者の主張を聞かされているから、必ず遠からず生まれるものと信じている。尚、その他の手品師が出ると仮定する。お座なりの平凡人を雇うより、天下一品の名人にお願いする。独唱も踊りもダンスも一寸見られる。ウマイモノだ（その唄うべき一曲を一生懸命になって稽古するとせばそれだけは或る程度うまく唄える）という位に勉強している間に所謂一芸一能の専門家も生まれるものと期待している。そして新芸座が一ケ年の苦労が世間から認められるに至らば、帝劇上演は夢でないと信じている。笑ってはイケナイ。「よう言わんわ」などと自から卑下してはイケナイ。

（『宝塚新芸座・記録』阪急電鉄株式会社広報室）

宝塚新芸劇場というのは、回りも舞台も、追《セリ》もある本格的な劇場でした。そこで歌劇の生徒や男子生徒が参加し、歌あり踊りあり芝居ありお笑いありの、新しい舞台が公演されるのです。主な出演者はミス・ワカサ、島ひろし、夢路いとし・喜味こいし、秋田Aスケ・Bスケ、志摩八郎、辰巳柳子らでした。『宝塚新芸座・記録』のページを開いてみると、主なる出演者の中にわたしの名前がいたるところに載っています。ミヤコ蝶々・南都雄二さんは遅れて劇団員になりました。落語の世界への入門三年目にして、こんな新しい世界を見せてもらえたのは幸運でした。周りがすべて新鮮で包まれていました。わたしはこの新芸座で良い先輩に出会いました。いろんなことを学び、それがわたしの芸能生活の糧になっていったのです。

１９５１年（昭和26年）11月、「懐かしの映画五十年」（お笑い陣の外に新芸座ダンシングチーム・宝塚歌劇団の応援出演）で初日の幕があきました。わたしは活動弁士の役でした。若い女の子が目の前をウロウロするのが気になったものです、男ですからね。

わたしが化粧前に座ると、化粧品が一通り置いてありました。だれが？　そう思っていると、志摩八郎さんの嫁さんの辰巳柳子さんが入ってきて、

「松之助さん、それわたしが用意したのやけど、気にいってもらえたかしら」

粋な計らいをしてくれるものです。

「あっ、そうですか、ありがとうございます」

外国旅行で日本人に出会ったような気持ちでした。

「嬉しいです」

と言葉を続けました。

「松之助さん、その気持ちを忘れずに、あなたの後から来る人に優しくしてあげてね」

淡々としたものの言いでしたが、この世界の人々に対する思いやりの心が読み取れました。志摩八郎さんも若い漫才師をここまで引っ張ってきた人です。師匠を亡くしたわたしはいわば孤児でした。厚い情けが身に染みました。

初めての舞台は難無く無事に終えることができました。歌劇団の生徒からは不思議なものをみるように見られました。「落語家」。その言葉〈肩書き〉だけで「古い人」と受け取

られたのかも知れません。

4月公演は「紅曲馬団」で新派の老練な役者、小堀誠さんがゲスト出演でした。売り出し中のトニー谷も出演していました。ただ彼の存在は記憶にありません。この芝居でわたしは猿使いの役でしたが、生き物嫌いなわたしとしては困りました。舞台の後ろにいるときは、猿に手を出して、塩分をとるのにまかせて猿の機嫌をとっていました。一度この猿が逃げ出して大騒ぎになったことがありますが、それからこの猿とは内心ビクビクしながら付き合いました。

寸法のわかる役者

この「紅曲馬団」の芝居で、一人の役者が舞台から入ってきました。そこで小堀誠が、

「あなたは、なにを呑んで酔っ払っているのですか」

と尋ねました。役者は、

「焼酎を呑んだつもりでやっています」というと、小堀誠は、

「焼酎ではあんな酔い方にはなりません。こうなるのです」

と、焼酎を呑んだときの酔い方を示しました。わたしは驚きました。そんなところまで役者というのは調べあげているのかと。

「鼠小僧次郎吉」の芝居でわたしは浪人の役でした。舞台中央で、煙草盆を脇において座っていました。だれかが「落語家みたいや」といいました。黒紋付で煙草盆が側にあればそう見えるでしょう。

この芝居でわたしの芝居に対する考え方の甘かったことを知らされることがありました。

ある日いつものように舞台から入ってくると、普段、冗談をいっている女優で、若い時は島陽之助・洋子一座で娘役をやり、後に吉本新喜劇で母親役をやっていた三角八重さんが

「松之助さん、あそこは、こういうふうにやったほうがええよ」と教えてくれたのに対して私は、普段の心安さから、

「わたしは落語家ですがな」

と返しました。言外にそんなことはどうでもよいという匂いがしていたのでしょう。すると三角さんは語気を荒くして、

「あんた、今なにでお金を貰うてるのや。落語家やというのなら今すぐ役者をやめて落語家になりぃな」

わたしは驚きました。いままでこのような忠告をしてくれた人はいません。わたしは落語家であると居座って、いま役者をやっていることを自分で粗雑に扱っていると知らされました。

だからこそ、この言葉はいまも覚えているのです。「いまはなにをしているのか」。人生について大切なことを教えられたのです。

「すみませんでした。これから気をつけます」

「そうや、今は役者をやってるのや。そしたら役者の勉強をせなあかん、それは当然のことやないか」

これは禅でいえば「即時即今《そくじそっこん》」で、「今ここを生きる」ということなのです。いま役者

をしていることがわたしの人生のすべてであるのです。

落語家として役者をするようになって学んだことに「寸法」があります。これはいろいろなことに応用できる考え方です。

たとえば「襲名披露の舞台」には、暗黙のうちの決まりごとが出来ています。司会者がいるのですから司会者がその舞台の進行をしていく、という決まりは誰もが知っているのです。それを守らないで司会者を無視してしゃべってしまうと、そういう人間は「寸法のわからない人間」といわれるのです。

芝居では主役・脇役と決められていることを考えないで、主役のような芝居をすると、これも「寸法のわからない役者」といわれます。わたしは芝居では随分無茶もしてきましたが、己の仕事の限界をわきまえてやってきたので、蝶々さんや皆さんが使ってくれました。「これが寸法のわかる役者」というのです。

披露宴の席でも、その席での不文律な決まりがあります。これを守らなかったら「寸法のわからん奴やな、これからはあんな奴を招くな」といわれてしまいます。「寸法のわからん人間」ということになります。

タレントのわたしにドラマの出演依頼がありました。ドラマの世界にいけばそれに合わせねばなりません。それが出来ない人間を「寸法のわからない人間」と呼んでいいでしょう。こんなこともテレビが壊してしまいました。

落語の世界で看板だと威張っていても、ドラマの仕事では「落語家の大看板」というのを捨てて、新人のつもりで周囲の人に接しなければなりません。つまり自分の役割、立ち場所を知っていれば「寸法のわかった人間」ということになります。

ミヤコ蝶々さんに学んだこと

コマ劇場でミヤコ蝶々さんの「捕物帳《とりものちょう》」の芝居に出ました。ゲストの大泉滉が舞台稽古の日になって、出演できないと連絡してきました。劇場のスタッフは大慌てに慌てています。しかし、蝶々さんは落ち着いたもので「松、お前やれ」といったのです。「セリフはワシが言うさかい」、つまり口立《くちだ》てというやつで台本なしということです。わたしは二つ返事で引き受けました。

大阪の町で娘が次から次へと殺されていく、その犯人を蝶々さんか突き止めるのですが、わたしは犯人の大店《おおだな》のバカ息子の役でした。家から出るときは親爺が吹く「ピッピッ」という笛に合わせて、硬直した体を外に運びました。この動きに客席から爆笑が起こりました。ラスト近く、虚無僧姿のバカ息子が捕えられ、天蓋を取られるところで、雄二さんが天蓋の縁でわたしの鼻をわざとこすり上げました。犯人が笑ってはいけないから、堪えるのに必死でした。蝶々さんが「雄さんやめといたられ、松が困ってるやないか」といったが、これを二十五日の公演期間中ずっと続けられました。その代わり夜には雄二さんが北新地のクラブへ連れていってくれました。なんなと見返りがなくてはなりませんからね。

蝶々さんにはいろいろと教えられることがありました。

「松、顔の悪口とエロはいうなよ」（これは素人でもいえるからです）

「汚い言葉は一つの芝居に一回だけにせえよ」

「衣装に凝る芸人は出世する」

雄二さんの腕時計をもらったときにはこんなこともいわれました。

「松、これは無料でもええねんが、お前が出世した時に障りになるから、たとえいくらかでもお金を払え」

結局、雄二さんの高級時計を千円で譲ってもらいました。

また九州一周の仕事の終わりごろに直方《のおがた》の劇場へ入ると、ストリップショーの人達がトヤ（次の公演先が決まらないので、その劇場で待機していること）をしていました。蝶々さんはすぐに、もち箱一杯にパンを買ってきて差し入れをしていました。五歳の時から座長として旅回りを経験し、苦労もしてきた蝶々さんだからできたことなのでしょう。

蝶々さんは酒呑みのわたしを可愛がってくれて、いつも芝居に使ってくれました。蝶々さんには悪戯好きな一面があって、わたしが猫を怖がるのを知っていて、わたしの部屋に猫を投げ入れ襖を閉めてしまうのです。猫は驚いて暴れる、わたしは大声をあげる。それを蝶々さんは襖を押さえながらゲラゲラ笑って見ていました。

わたしはこの旅で、歌劇の生徒さんに恋をしました。相手は蝶々さんの芝居の中で「お夏狂乱」を踊っていました。その舞台すがたに一目惚れしてしまったのです。戦争で失われていた、思春期がいまごろになって顔をのぞかせたのです。

♪寝ては夢、起きてはうつゝ幻の
水に写りし月の影
手に取れざると知り乍《なが》ら
グッショリと濡れて見たいが人の常
恋は思案の帆かけ舟
どこの港に着くじゃやら

恋というのはおかしなものです。相手の容姿だけを見て惚れてしまうのですから。このことを蝶々さんに話しましたら、次の旅公演にも同じ芝居をもっていって、その生徒さんも同じように「お夏狂乱」を踊っていました。公演が終わって宿屋に戻ると蝶々さんが、

「松、オレが話をつけてきたるさかい」

そういって隣の生徒さんの部屋へ行ったのです。

「松、話をして一緒の同級生に席を外すように頼んできたから、いけッ」

激励してくれました。わたしは隣の部屋へ恐る恐る入って行きました。しばらくして、生徒さんと二人向き合います。わたしは言葉がありませんでした。

「お年はおいくつですか」

と聞くとその生徒さんは吹き出しました。それだけではありません。席をはずしたはずの同級生が、洋服ダンスの中から笑い転げて出てきたのです。わたしはほうほうの体で蝶々さんの部屋に戻りました。

蝶々さんは、

「松、お前は女を口説いたことないのんか、いきなり女に年を聞くやつがあるか」

といわれました。蝶々さん達は、床の間に耳を当ててこちらの様子を聞いていたのです。

そこには理事長も居て、

「松之助さんは案外純情なんだね」

と、同情するようにいっていました。

人から聞いた話では、この生徒さんはすでに婚約者があったそうです。

♪それならそうと

最初からいえばストトンで惚れやせぬ
ストトンストトン

舞台での失敗と九州巡業

蝶々さんの舞台では失敗もやらかしました。

正月に行われたショーの中で「忠臣蔵四段目のお軽・勘平の道行」のコントがあり、わたしは勘平をやっていたのですが、楽日の休憩時間にバンドの連中と呑んでいました。そして出番がきたので舞台に出たのですが、照明の熱気で酒が一気に回ったのです。

わたしは勘平のセリフ、

「よいところへ鷺坂伴内《さぎざかばんない》、おのれ一羽で食いたらねど、この勘平の細ネブカ――」

このセリフを酔いが手伝って洒落で、

「壽限無《じゆげむ》々々々五劫《ごこう》の擦り切れ――」

落語の壽限無をしゃべりだしたのです。お客さんはなんのことかわかりません。一緒に出ていた伴淳三郎や歌劇の上級生の藤波洸子さんたちも驚いていました。

わたしはフラフラする体でセリフをいい終わると、仰向けにひっくり返って舞台に頭をゴツンと打ち付けました。その音が客席まで響きました。悪落ち(嘲笑)がドッと起きました。わたしに酒を呑ましたというのでバンドの連中は支配人から注意されましたが、わたしには何もお咎めはなかった。ですが、蝶々さんには叱られました。

あくる日の晩、バンドマスターが、

「昨日はえらいことやったね」

わたしはすぐに、

「過去のことはいわないで」

と軽く躱《かわ》した。

そう、昨日はすでに過去になっているのです。へへッ、都合よくいくもんだ。

蝶々さん雄二さんと宝塚歌劇団の花組が合同で九州を回りました。佐世保の宿の近くに色街がありました。わたしは一旦は寝床に入ったものの、なかなか寝付かれません。蝶々さんの部屋へ行きました。

「こんばんは」

「松か、なんや」

「少々お金を拝借したいのですが」

「いまごろなんで金がいるのや」

「えー、近くに色街がありまして、ぜひ来ていただきたいと」

「そんなこというか」

「それでちょっと」

「お前、酔うてるやろ、明日の仕事もあるさかいに、早いとこ寝エな」

「あきまへんか、そうですか」

わたしは素直に自分の部屋へ引き下がりました。

そして、しばらく間をおいて、また蝶々さんの部屋へ行きました。

「こんばんは」

「なんやねンな」

「少々お金を拝借！」

「あかんいうたら」

「そうですか」

そして、いま一度自分の部屋へ戻り、三度目の正直とばかりに襖に手をかけると、

「うるさいッ」

と財布が放りだされたのです。中から必要なだけぬいて、

「ほな、これだけ拝借します」

そして色街へでかけたのです。

相手の女性は宮崎県東臼杵《うすき》郡の出身で、九州の代表的な民謡「稗搗節《ひえつきぶし》」を歌ってくれま

した。その哀調切々たる節回しには、故郷を思う心と、いまの自分の身を重ねあわせた思いが託されていました。気がつくと涙が出ていました。女性は何度も歌ってくれました。翌朝、わたしはその歌を聴いて酔いも何もかもが冷めてしまい、そのまま宿へ帰りました。

「松、ゆうべはどうやった」

蝶々さんがたずねてきました。

「空振りでした」

「あほッ、そやさかいにやめとけいうたのに」

笑われて佐世保の一夜は終わったのです。

ラジオ番組「漫才学校」はじまる

1953年(昭和28年)、ラジオ番組「漫才学校」が始まりました。

レギュラーメンバーは校長先生にミヤコ蝶々さん、小使いさんに南都雄二さん、生徒に夢路いとし・喜味こいし、秋田Aスケ・Bスケ、森光子、千城いづるとわたしです。この番組が爆発的な人気を呼び、聴取率日本一に輝きました。メンバー全員の名前はほどなくして全国に広がりました。森光子さんは番組の中で毎週歌を歌っていました。番組が公開録音になりました。その折りに蝶々さんに教えられたことがあります。

「松よ、芸人は商品やさかいに、かざらなあかんのや。衣装を買う芸人は出世するのやで」

そう教えられたのです。これをキッカケにわたしは衣装に凝るようになりました。

ミヤコ蝶々さん、南都雄二さん、不二乃道風さん、そこにわたしも加えてもらって、NHKテレビの試験放送(短編物)に、蝶々さんの口利きで出させてもらいました。演出は後年、芸術作品を撮って有名になった和田勉さんです。和田さんもまだ若かったので、蝶々さんに芝居を教えてもらっていたと思います。

収録では三台のカメラで撮影する予定でしたが、さて本番になった時に二台のカメラが故障してしまいました。皆はあわてましたが、カメラマンの一人（確か踊りの家元の息子さんだったと思います）が一台のカメラを操作して撮影をすましてしまったのには一同感嘆の声と拍手でした。

その後、宝塚撮影所で関西テレビが放映する頭師《ずし》孝雄ちゃん主演の子供番組「ピカ助とりもの帳」を撮影しましたが、わたしはピカ助の子分の「どん平」役で出ました。

倉谷収監督は、これだけ映画に出たら本編の映画に役で十本出たのと同じだけの経験を積んだことになるといっていました。この人は天気を見るのに天才的なものがあったそうで、少々の曇り空でも「二時間もしたら晴れる」と落ち着いたものでした。

映画には舞台とは違う独特の手法がたくさんありました。

長い廊下をわたしが通るカットで「松之助君、ちょうど中央へ来たら腰をかがめてください」といわれました。そのときは理由がわからなかったのですが、撮影が終わって監督に聞くと「カメラというのは厄介なもので、あそこで腰をかがめなければ頭が切れるからだ」と教えてくれました。

また、わたしの走るところでは、中央に縄を持った人が立ち、その縄の端をわたしが持ってぐるぐると走り回りました。これが映画になると、わたしが直線に走っている画面に見えます。監督は「昔は馬で走るのをカメラを担いで撮影した」といっていました。

わたしはこの撮影で映画の手法を多少なりとも覚えることができました。これは後になって大変役に立ちました。

その後、ＮＨＫの「放浪記」に落語家の役で出ました。わたしは自分が落語家だと思っていましたから、芝居をしなくてもすみました。

その頃のテレビはＮＧを出すとテープをつなぐのに三十万円かかるということでしたので、出演者の人はものすごく緊張したものです。今は簡単に切ったりつないだりできますから、ＮＧを出してもたいして驚きも恐縮もしないようになりましたが、当時はいろいろなことが現在とは違っていたのです。

テレビも初めはタレントというものがなかったので、勢い芸人に頼るしか方法がありませんでした。しかし、時間が経ちタレントが出てくると芸人は必要なくなってきました。現在、テレビが面白くなくなったのでスポンサーが一会社ではなく一本のテレビに多数のスポンサーがつくようになり、お客さんもテレビ離れしていくように思えますが、そこには「芸」のかけらもないからだろうと思っています。

昔は「出てやっている」「出てる」でしたが、今は「出してもらっている」という意識になっていることが問題だと思います。

次々に出てくるテレビを専門とするタレントは「何ができる」という芸がないので、いわれるがままに素人でもできるようなことをやっているのです。あれなら素人を使った方がギャラも安くて済むと思うのですが、サバイバルゲームや縄跳び、クイズに俳優が必要なのでしょうか。芸は映像として残りますが、ゲームは映像として残るのでしょうか。

朝の早くから料理番組をやり、料理を食べるシーンを流しています。いま食事をすませた人が本当にそれらを興味を持って見るのでしょうか。よくまああれだけ食べる所を探してくるなぁとそちらの方に感心してしまいます。

わたしはいま、韓国ドラマを主に見ていますが、韓国の俳優と日本の若い俳優とを比べると演技力に大きな差があるのがわかります。韓国では子役でも上手なのです。日本では大人でも下手なのがいます。それを使っているディレクターはどんな気持ちでドラマをつくっているのか、そんなことを思っています。

宝塚新芸座での日々

新芸座では、はじめて演出家という人間がいて演出をすることを知りました。しかしわたし自身は人にいわれて何かをするというのには抵抗があって悩みました。演出家は「笑い」についてはまったく無知だったのです。そこでわたしの我儘が出てきて笑いをとることを考えるようになりました。

蝶々さん達が滞在した後に、初音礼子さんという宝塚歌劇の大先輩が座長という形で入ってきました。しかし、この人は宝塚歌劇だけのことしか知らず、わたしや先輩の役者さんを下に見ていたようで、そんな気持ちでわたしたちに接していました。

わたしはそれが気に障りました。わたしが舞台で笑いをとる勝手な芝居をしていると、「芝居を壊す」と陰で話していたそうです。わたしは腹が立ち、人が芝居をしているのでジッと動かないでいることになっているとき、突然踊って「芝居を壊すというのはこれや」と舞台上で叫んでいました。しかし不思議なことに誰からも注意を受けませんでした。

渋谷天外さんの作品「お初さんにまかしとき」というのがありました。このときはわたしが主となって笑わす芝居でしたのでご機嫌でやっていました。初音礼子さんが天外さんに会ったときに、天外さんが「笑福亭君はもう芝居を壊しているだろう」「いえ今度の芝居は気にいっているとみえて真面目にやってます」と初音さんが答えたと私に話してくれました。会ったこともない天外さんにまでわたしの舞台が知られていたのでしょう。

一度困った役があてられました。池波正太郎作、中村信成演出の「黒雲峠」という敵討ちの話でした。討つ者と討たれる者が出会ったときに、わたしは前もって討たれる側の侍に脅かされており、陰から討つ方の侍を鉄砲で打って舞台に倒れている侍のそばへ駆け寄り、恐怖と慚愧《ざんき》の念に耐えかねて後ずさりしながら、その場から逃げるのです。

これはまあ面白い芝居だなぁと思って、自分で描いたように芝居をしましたら、普段のわたしを見ている裏方さんから褒められました。しかし、わたしの中には何か発散しないものがありました。公演が終わってから理事長に「すんません、これからおとなしくしますからこんな役をつけないで下さい」と頼みました。

この芝居が地方公演に行くことになりました。短期公演でしたがわたしは辛抱がしきれなくなって、楽日に鉄砲を持っていって「捧げつつ」の姿勢をとりました。それでこれまでの胸の支《つか》えがおりました。

「狐姫」という外国ダネの焼き直しの芝居がありました。作・演出は穂積純太郎といって、この芝居で世に出た作者でした。舞台そのままの縮尺模型を前に置いて読み合わせをするのですが、穂積さんは窓から外を眺めていました。そして突然振り返って「志ん生は上手いねぇ」といったのです。皆は何のことやらわからないのでポカンとしていましたが、わたしは皆のセリフが気に入らないのでそんな態度をとったのだろうといまでも思っています。

芝居で思い出しました。天外さんの作で蝶々さんと雄二さんが主演した作品で、雄二さんが屏風の陰に隠れて、素顔と面を被った顔を交互に出すというシーンがありました。蝶々さんは「これは天外さんなら演れるが雄さんには出来ん」といってそこの芝居を変えたのです。このとき、わたしは蝶々さんには役者としてよりも演出家としての才能のあることを知りました。

コマ劇場で蝶々さんの「愚かなる母」を公演しました。夢路いとしさんは冷徹な博士の役でしたが、自分の心の中の鬱積を吐き出すように芝居が終わると大声を上げていました。そのときでした。わたしと花和幸助（わたしの尊敬していた人）がプロンプターボックスから顔をのぞかせてみると客席は満員です。舞台はちょうど蝶々さんが掃除婦で床をほうきで掃いていて、自分の身の上を嘆いてお客さんを舞台にひきつけているシーンです。

蝶々さんはわたしらを見つけると、ほうきでわたしらの顔を掃きました。花和さんは「えらいことする人やなぁ」と驚いていました。舞台では八分の力を出して、後の二分はアクシデントに備えておくものだそうですが、蝶々さんの落ち着いた舞台にわたしは感心していました。

1954年（昭和29年）10月19日に宝塚歌劇団スケートチームの公演が梅田スケートリンクでありました。日本初だと聞いていましたが、その公演でわたしは「白雪姫」の母親役をやりました。

アイススケートは子供の頃に遊びでやったことはありますが、それ以後はスケート靴を履いたことはありません。公演前にリンクに通って随分練習しました。後ろ向きにすべることができるようになり、8の字が描けるようになりましたが、8の字の頂点で小さな円を描くのがなかなかできません。恐怖心があったのでしょうが、年齢的にこんなものは若いうちにやるもんだと思ったものです。

スケートの練習の帰りに阪急の淡路に住んでいた文枝師匠のところで「へっつい幽霊」を教えてもらいました。師匠はわたしのスケート靴を見て「ふーん、そんなことやってるの」と、それよりもっと他にすることがあるやろうという顔をしていました。落語家は落語が好きでそれ以外のものは目に入らないようです。アイススケートの公演はその後、京都と名古屋のスケートリンクでも行われました。

蝶々さんにまた出てもらいました。「松よ、お前ほど扱いにくい人間はないわ、わしが注意したら拗《す》ねて何もせん、放っておいたら何をしだすか分からぬ、ホンマに難儀な人間や」といわれたことがあります。何かして蝶々さんが「松、それはやめとけ」といっても、すぐにまた違うことをするので、蝶々さんはまるで「もぐら叩き」をやっているようだったのです。

こうして新芸座時代のことを思い出すと、今でも脇の下から冷や汗が流れる思いをします。何もわからないからそんなことができたのでしょう。芝居というものがわかってくると、自分のしていたことはとんでもないことだったというのがわかってくるようになりました。

役者と笑いと

北野劇場で浪花千栄子さんと「貫一・お宮」のコントをやりました。コントのラストは貫一が帽子をぬぐと頭の横に大きな禿げがあるので、お宮が慌ててハンカチで禿げを隠して暗転になるのでしたが、浪花さんと一緒して、芝居はセリフだけではない、いろいろ捨てゼリフをいいながら動くということを勉強しました。お陰で新聞なんかでも褒められましたが、その記事を書いた記者が「松ちゃん、君が上手いのやないで、浪花さんのお陰で光ってるのや」といいました。

このときに「のど自慢大会」のパロディがあって、浪花さんとわたしは親子の役で出ていましたが、出番前になると、例の捨てゼリフで細かく芝居をしていました。楽日にこの場面でわたしの出る前に、客席からトニー谷が舞台へ上がってきて、ご存じのソロバンを弾きながら「ザンス」の歌を歌いました。お客さんは大喜びです。売れっ子のトニー谷が出てきたのですから。その後に出る無名のわたしは霞んでしまいました、わたしは腹が立って「何をしやがんね」とボロを出してしまいました。

山田五十鈴《いすず》さんとテレビドラマで共演しました。タクシー会社の社長役の山田さんのところへ、強請《ゆすり》にいくやくざがわたしの役でした。わたしがすごんでいると、それを宥《なだ》める山田さんも捨てゼリフをいいながら芝居をするので、それにつられてわたしも芝居をするのですが、完全に山田さんに動かされているという感じでした。わたしはこの二人から芝居の演技というものを「盗み」ました。

大阪劇場で中田ダイマル・ラケットさんのショーに出ました。ストーリーは忘れてしまいましたが、二人は隠しマイクをつけてボケます。それをわたしはマイクなしで突っ込むのですが、これも勉強になりました。

ダイマル・ラケットさんのショーでは失敗もやらかしました。わたしは暴力団員の役で髭をはやして出ていましたが、あるとき酒に酔って楽屋で支度をしたまま寝込んでしまったのです。

ダイマル・ラケットさんはわたしがなかなか出てこないので、喋りを増やして繋いでくれていましたが、お客さんもわたしが出てこないのに気がついていました。

舞台に出ると客席に爆笑が起こりました。舞台に向かう足音が客席にまで聞こえていたのです。ダイマル・ラケットさんもわたしの顔を見て吹き出しました。なぜかというと、つけ髭が歪んでいたのです。もうショーはバカ笑いになりました。

新歌舞伎座で細川たかしさんのショーがあって、第一部の時代劇の芝居に出ました。細川たかしさんが「何か笑わせてよ」といいましたが、わたしは老ヤクザの代貸《だいがし》の役で、最後は相手に切られて「後のことは頼む」といって死んでいくのです。笑わすような役ではありません。わたしは演出家にいって「笑い」をとることをやめていたからです。歌手はふざけると笑いがとれますが、役者としてはお芝居で「笑い」をとらなければならないと思っていました。この死ぬ場面で前月に松竹座でみた、勘平の腹切りの真似をしましたがとても息苦しかったことを覚えています。歌舞伎の役者さんは修練が違うなぁとつくづく思ったものです。

結婚

１９５５年（昭和30年）、元宝塚歌劇の生徒だった女性と結婚することになりました。彼女の父親は、結婚前にわたしの人生に対する考えを書いてそれを見せてくれといいました。彼女の父親がここが気にいらぬと指摘したのは「人を押しのけて出世しようとは思わない」という箇所でした。

彼女の父親とはこの時点で気が合わなかったのでしょう。結婚をやめておけばよかったのかもしれませんが結婚しました。

彼女との間には娘が二人生まれましたが、教育についてことごとく嫁とは意見が合いませんでした。何事も父親に相談して、父親のいう通りにするのです。

そうしたこともあり、結婚十二年で離婚することになりました。原因はわたしにありました。家庭裁判所で調停離婚をしましたが、有識者四人がわたしの話を聞いていました。わたしは「娘が結婚して貧しい暮らしだった場合でも、それでも夜、その日、一日に感謝して床につくような娘になってくれたらと思う」といいました。ひとりの調停員が「そこまで分かっていて、なぜこのようなことに」といいましたが、わたしは「そこが人間の愚かなところですよ」と返すと、調停員は呆れたような顔をしていました。この人達は普通の家庭に育ち、普通に育って、現在は普通の生活をしている人で、人生の山や谷のことが分かるはずなかったのです。

これと同じような話が、その後に再婚した現在の妻とのあいだに生まれた倅が中学生の時にありました。クラスの一人が土山の農学校から脱走しましたときのことです。倅がその生徒と街頭で会うと「明石、お前とこで泊めてくれ」といったそうです。そのとき倅は「うちは父親がうるさいので駄目だ。○○の所へいったら」といったのですが、その行為が斡旋になると学校で指摘されました。

倅が共犯扱いされたことに嫁が怒って、わたしに学校へきてくれといってきました。わたしが応接室に入ると、担任と校長、教頭がいました。教頭が「ご存じないと思いますが、この学校は塀のない少年院のようなもので」といったその言葉にかぶせて、わたしは「知ってます。小学校の五年生のときに入れられかけたんです」といってやりました。それを聞いて先生たちは呆気にとられた顔をしていました。この人達も世の中の裏をしらないで、すくすくと育って出世だけが目的の人間だと、わたしは思ったのです。

話を離婚に戻します。

離婚の話が決まる前に財産分与の話をしていました。彼女の父親と会ったとき、明石の実印は父親が持っていました。家を渡すといっていても信用できない、内緒で家を売るかも知れぬと危惧してのことでした。わたしはすぐに役場に印鑑の盗難届を出して、実印を変え、嫁を詰《なじ》りました。「まだ別れてないのになぜ実印を父親に渡したのか。だからわたしは君の父親を泥棒にした」と。

ローンの残った家と娘二人の養育費を二十才まで払うことで調停は成立しました。わたしは舞台衣装と日曜大工の道具だけを持って、次の嫁の用意したアパートに移りました。いま考えると次の嫁に拉致されたようなものでした。

次女が高校生のときに「友達がテープレコーダーを持っているから、買ってくれ」といってきました。わたしはお金と一緒に手紙を同封して送りました。

「友達が持っているから欲しいというのはいけない。自分が欲しいと思ったから、買ってほしいというようにしなさい。黄色のチューリップが隣の赤いチューリップを見て、自分も赤くなりたいと思ってもなれないのだから」と書きました。

人間は生まれるときも一人、死ぬときも一人、だから生きている時も一人でいるように。そういうことを伝えたかったのです。

初の東京進出

蝶々さんが雄二さんとコンビをくんだとき、雄二さんは素人でした。蝶々さんが雄二さんの後ろに手を回し、背中をポンと叩いて雄二さんに喋らせたといいます。こんな芸当はチョロコイ芸人にはできないことです。

蝶々さんは漫才のときに雄二さんがタイミングを自分とあわせないと、「なんや？」とか「いま何いうたの？」と聞き返して、タイミングを取り直して改めて喋っていました。これはわたしが二人の舞台をみていて気がついたことです。蝶々さんの呼吸はなかなか盗めませんでした。

１９５６年（昭和31年）１月21日から２月３日まで、蝶々さんの東京の日本劇場への出演が決まりました。初の東京進出です。出演者は蝶々・雄二、松之助、花和幸助。東京勢は、笠置シズ子、高英男、ペギー葉山、島倉千代子でした。島倉千代子はデビューしたてで学校の制服で楽屋入りをしていました。演目は宝塚の高木史朗作・演出の「たよりにしてまっせ（十二景）」でした。

初日は日劇ダンシングチームの華やかな歌と踊りで幕が開きました。若い肢体から発散するエネルギッシュな香りが客席を満たしました。第三景で蝶々さんと雄二さんの漫才が始まりました。ですが、客席からは笑い声が起きませんでした。ショーの幕が下りると蝶々さんがわれわれを呼びました。

「どこが悪かったか、気がつくことがあったらいうてくれ」

しかし、蝶々さんのわからないことが、われわれにわかるはずがありません。皆が押し黙ったまま休憩時間が過ぎていきました。二回目の開幕を知らせるベルが鳴りました。蝶々さんは意を決したように、

「よしッ」

と立ち上がりました。そのとき小柄な蝶々さんが大きく見えました。舞台は第三景になりました。するとどうでしょう、一回目とはうって変わって客席は爆笑につぐ爆笑へと変わっていきました。蝶々さんがどこをどう変えたかはわかりません。おそらく「間と呼吸」を変えたのだと思います。凄い芸人でした。

わたしは第五景の「りんどう峠」で島倉千代子さんとふたりでコントをやりました。

後に「てなもんや三度笠」の稽古場へ島倉千代子さんがゲストでやってきたときのことです。あれは1962年（昭和37年）でした。隅の方にいたわたしに気がつくと、

「先生お久しぶりです」

といわれたのには戸惑いました。周りの人は、松之助というのは一体何者なんだろう、と思っていたそうです。

この東京進出のときのプログラムに尾崎宏次という人が、「芸人よ誇らかに」という見出しで蝶々さんと雄二さんのことを書いています。

もちろん芸人というからには、それだけの芸なり、技術なりを持っていてくれなくては困るが、芸人としてのウデを持ちえた人は、誇らかに、その芸をうたいあげてもらいたいのである。このごろのようにニセ芸術家がふえてきて、手もよごさないで、頭上に冠をいただこうというのが増えてくると、なおさらそう思う。モダンだと思われていることが、案外に根のないものである場合だって、多々ある。

(中略)

ミヤコ蝶々らの芸のたのしさは、一つにはみんなに愛されるタチのものだということ、一つには饒舌とは縁の遠い、マのおもしろさを持っているという点にある。そしてその両方とも、学問や智識によって得たものではないというところに、かえって彼ら一流の不動のものがあるのだと思う。

観客と接しているうちに掴んだものである。そして、かれらの漫才が、舞台のワクから逸脱していないということである。これは何千年とつづいてきた「舞台」のオキテのようなものではないか。妙に逸脱して人をわらわせるという種類のものも、このごろ多いけれども、それは結局鑑賞するわけには参らぬものだ。

蝶々が好感をいだかせるのは、彼女が別にそうなろうと努めているからではないからだと思う。だれでもが共感するようなものを、つまり庶民のよごれや悲願を、「演じる」からである。どうだ、そうじゃないかとは言ってこない。これがコツだろうと思うが、そのコツにしても何百人、何千人のお客から頂戴したものだという気がする。

（「芸人よ誇らかに」尾崎宏次）

宝塚新芸座を退団するまで

1991年（平成3年）3月に阪急電鉄株式会社から『宝塚新芸座・記録』が発行されました。懐かしい歴史が理事長の筆によって記録されています。これによりわたしが新芸座にいた時に漫才の人が退団していった理由がわかりました。わたしには欠くことのできない歴史です。

本拠地宝塚新芸劇場も昭和三十年頃は連日満員に近い盛況で、良い座席で観ようと開場前より改札にならんで待つ客の列が出来て、久しく閑古鳥の啼いた劇場は、毎日活気があふれ、これに呼応するが如く舞台も活気があふれ、熱演が続いた。しかしその盛況もその後一年とは続かなかった。

前述したように秋田実が引き連れて入座した漫才陣とコメディアン達は復座三年にして、またまた退団さわぎとなった次第である。

昭和三十一年一月は白井鐵造の「ハワイの伯母さん」と、秋田実の「初笑い新選組」を上演。蝶々・雄二、花和、松之助は、暮の三十一日から一月七日まで、北野劇場で高木史朗の「新春スター双六」に出演、引続き二十一日から二月三日まで、東京・日本劇場で高木史朗の「たよりにしてまっせ」に出演した。（中略）一方それまで劇団の常任理事であった秋田実が本人の希望もあり平理事になった。これは常任であれば常勤の要あり、依頼された諸原稿や漫才台本作成に支障をきたすからとの理由であったが、今一つの理由は最近の劇団運営に不満をもった――すなわち、劇団が漫才陣を漫才としてより、一俳優として、個々に舞台に使うことは、二人一組の漫才としての勉強が出来ない、伎倆がのびない――という事もあった。

そこで秋田実は、宝塚新芸座とは全然別個に会社を作ることを計画した。その会社は宝塚新芸劇場の公演の余暇に、漫才を勉強し、また漫才コンビとして各所に出演させるというようなものであった。

劇団側も毎年三月末までに行う次年度契約更新の折衝中に、劇団理事が劇団と同じような業務を目的とする会社を作り、その社長となられては困るので、強く中止するよう交渉した。

しかし、三月、正式に上方演芸株式会社を創り、蝶々雄二は同会社の役員となることが新聞に載った。十八日夜、新芸座主事と打開策を相談したが、逆に時間切れとなり、秋田は宝塚新芸座理事を辞任、上方演芸の社長に就任する旨を表明、また四月よ

り新契約を延ばし延ばしにしていた蝶々雄二もこれに同調して正式に退団する旨申出があった。（中略）

将来の新しい型の国民劇の荷い手として、創立以来五カ年半、模索を重ねながら、どうやら劇団としての個性も出来かけて来たところであり、小林一三翁もこれまでになかった芸風をもつ若い芸人に、力を惜しまなかっただけに、全く寝耳に水の不意打ちではなかったかと思われる。

これにより宝塚新芸座創立初期の性格は一変するに至った。

（『宝塚新芸座・記録』阪急電鉄株式会社広報室）

わたしはこの時に同調して退団しませんでしたが、それでよかったと思っています。秋田実については横山エンタツ先生と一緒になった時に、

「先生の『早慶戦』は秋田実さんの作ですか」

とたずねるとエンタツ先生は即座に否定して、

「違う違う、あれは僕とアチャコがアドリブでこしらえたのや。秋田はうちの二階でゴロゴロしてちょっとも働かないので、いま僕らがやっているネタを会社（吉本興業）へ持っていったらいくらかでも原稿料をくれるやろさかいに、といったんや」

そんな返事でした。

秋田実は新芸座の事務所で後ろ鉢巻で原稿用紙に一日向かっていたが、一枚も書いていなかったのです。それを蝶々さんが揶揄して「よう一日あないしておれるな。なにを考えてるのやろ。競馬のことを考えてるのやろか」といっていました。

この頃に志摩八郎さんがわたしに「松之助君、今度、上方演芸会に出てもらおうと思うのやが、どんなネタがある」といったので、わたしは落語の「道灌《どうかん》」を書いて渡しましたが、その後何の音沙汰もありませんでした。そのうち秋田Aスケさんが「上方演芸会」の台本を持ってきて、「松之助さん、この字はなんと読むのや」と聞いてきました。見るとそれは「道灌」の中の「護良親王《もりながしんのう》」でした。わたしは唖然としました。落語のネタが漫才になっていて他人がやるのです。そして「秋田実作」となっていました。

戦前、東宝映画の前身であるPCL映画で、エンタツ・アチャコがコンビで出た作品は秋田実作になっていたが、裏がわかりました。新芸座でも蝶々さんや、夢路いとしさん、志摩八郎さんが台本を書いていましたが、秋田実作とした方が脚本料が高くとれたし、三人は新芸座に拾ってもらったことに恩義を感じていたのです。そんな人達を狙って自分の配下に入れたのです。わたしは初対面の時から本能的にこの人物に好感が持てませんでした。結局は何年かして「先生への恩返しもこれまで」とみな去っていきました。これが漫才の人たちが新芸座を退団した理由だったのです。

このとき、蝶々さんが「松、一緒にいこう」と誘ってくれましたが、漫才ばかりの中に交じることに気が進みませんでした。その時に夢路いとしさんが「松ちゃん、君は僕らと違うからここに残った方がええ」といってくれたので、安心して残ることにしました。お笑いの人達がいなくなると、お笑いの役目はわたしに回ってきます。思いきりバカバカしい動きをしたり喋ったりでご機嫌でした。ある芝居の舞台稽古でわたしの出る場があったのですが、演出家は、

「ハイ、松之助さんがありました、サァ次に行きます」

とわたしには一切演出なしでした。演出してもその通りやらないのを演出家は知っていたのです。

菊田一夫さんの「道修町《どしょうまち》」では三番番頭の役でしたが、これは笑わせるところがなかったのできちんと務めました。その菊田さんがまた名指しでわたしを買いに来てくれましたが、新芸座が「仕事があるから」と断ったそうです。世の中は他人の意志で自分の行動も左右される、まして興行会社ではそれが当たり前になっていることを知りました。

ところで、蝶々さんが新芸座を退団する時に「漫才学校」はやらないと約束していたのに外でやりだしました。阪急もそれではと対抗して「新漫才学校」というラジオ番組をこ

しらえましたが、蝶々さんたちには歯がたたないので十三回で終わりました。しかし、わたしはこの時に台本を依頼され原稿用紙に向かうことを覚えたのです。

この頃になると、わたしはこのままサラリーマン役者で終わるのに飽きたりなくなっていました。もっと大きな夢をもってこの世界にはいったのではなかったのか。そんな思いがしてきたのです。

退団を理事長に申し入れました。理事長は「どこか行くアテはあるのか」と尋ねてきましたが、行くところはありませんでした。しかし、失敗して元々だ、自分の力で切り抜けていけないはずはない、と思っていました。新芸座の給料も当初の三倍になっていましたが、そんなものにこだわっていては何もできない。そう思って退団しました。１９５８年(昭和33年)の暮れのことです。

しかし世の中はよくしたもので、わたしが新芸座を退団した翌年の3月、うめだ花月が開館しました。そして紹介してくれる人があって、3月から吉本興業と専属契約を結んだのです。生まれて初めて契約書に判を押しました。吉本の責任者は八田《はった》次長(後に社長)でした。

うめだ花月のこけら落とし

「うめだ花月」は曽根崎警察署の東、お初天神通りの東角にありました。扇町への通りに面したところはガラス張りで、そのガラスを通して中の壁画が見えました。「く」の字にまがったスロープが地下への通路になっていて、客席もワンスロープという瀟洒《しょうしゃ》な建物でした。

ですが、楽屋は階段の踊り場に畳を敷いたという程度のものでした（そこが看板の芸人のものだった）。その地下も楽屋で上には小さな部屋があり、階段を上がると七、八人が入れる部屋があってそこも楽屋になっていました。もし火事でもあれば、楽屋全体が煙突になって逃げ場がありません。屋上から隣の建物に歩板をわたして避難するようにしてありました。

わたしは誇りを感じていました。戦前、場所こそ変わっているとはいえ、多くの有名芸人を輩出した吉本興業の舞台に立つということは、わたしもその人達に肩を並べられたという感じがしていたのです。しかし、いざ入ってみるとうめだ花月は予算の関係で舞台背景が三尺（約九十センチ）しかこしらえられないということでした。支配人自らが背景の後ろへ電球を下げているのです。聞くと、林正之助社長（後に会長）が映画館を演芸場に変えて経営することに反対していたのです。

「フィルムは文句をいわぬが、人間は文句をいいよる」

と昔の芸人にてこずった経験からそういったのです。そこで八田次長以下七人が連名で「もし失敗したら責任をとって辞めます」といったので、社長もいやいやOKを出したということでした。製作部は八田次長をトップに平社員の中邨《なかむら》さん（後に会長）と、他に三人ほどの事務員がいました。

3月の「こけら落とし」は「アチャコの迷月赤城山」で、わたしは4月から「吉本ヴァラエティショー」に出ることになりました。

当時、漫才陣は千土地興行から借りており、専属は「島田洋介・今喜多代」だけでした。中邨さんが「この漫才がトリをとってくれるようになったら、ウチは楽やねんけど」といっていましたが、そうなるまでに十年の歳月が必要でした。

わたしの吉本での初舞台は、お婆さんの役でした。わたしは演芸場の芝居だからと、わざとお婆さんにはならないように芝居をしました。枝鶴《しかく》（前・光鶴）が、「おい、お婆さんやから、足を開かんようにせなあかんがな」といいましたが「役にならんところが演芸場らしくて面白いのや」と漫才の人はいっていました。

「ヴァラエティショー」はストリップのコメディアンが二人と女優が一人で、他は素人同然という人達で、座員は全部で七人でした。あとは芦屋雁之助、小雁ちゃんが臨時で参加していました。

「月形半平太」をやることになりました(わたしが永田キングを思い出して提案したのだ)。ところが背景は加茂川の河原だけで、しかも三尺(約1メートル)しかありません。いくらなんでもこれでは芝居の雰囲気が出ません。雁之助が八田次長に「三条大橋を」というと、「予算がない」とアッサリ断られました。しかたないので三条大橋を雁之助君が自腹で用意しました。これには「吉本はえらいとこやなぁ」と思ったものです。

しばらくして製作部へ呼ばれました。その時に印刷屋が集金に来ました。八田次長は書類から目を離さずに、ポスターを指すなり「字が違ごてるで」と一言。それを聞いて印刷屋は恐縮して帰っていきました。改めて「吉本はえらいとこやなぁ」と思ったものです。

吉本ではショーの台本を書く人が一人しかいなかったので事務員までが借り出されていました。しかし、事務員が書いてきた台本は、菊地寛の「父帰る」そのままで、客席に笑いはありませんでした。一回目が終わって雁之助君と相談して芝居を変えたこともありました。雁之助君が地方回りをしていた時の芝居を思い出して、大体の筋書きとセリフを教えてくれました。いわゆる台本なしの口立てで進めました。

セリフは出たとこ勝負でやらねば仕方ありませんでした。雁之助君は地方回りでアドリブ芝居に慣れていたのです。わたしもアドリブ芝居は蝶々さんと一緒にやったときに経験しています。二人の呼吸があって面白い芝居になりました。雁之助君は漫才をやっていたのですが、後にはテレビドラマで山下清をやって人気を不動のものにしました。

すべてがこのような調子でした。わたしはよく八田次長に呼ばれ、お客さんの入りを示した壁のグラフを見せられて、「松ちゃん、この線までになったらまあまあやから、頑張ってや」といわれました。そのうちに中郵さんが「松ちゃん、本を書いてみないか」といってきました。わたしは新芸座の時に蝶々さんや夢路いとしさん、志摩八郎さんが脚本を書いているのを見ていて、自分も本が書けたらなぁ、と思っていたのでOKを出しましたが、芝居の本というのは生まれて初めてです。子供の頃に見た松竹家庭劇やその他の芝居を思い出して、真似をしながら書いていきましたが、はじめは書いていて自分でもわかるほどチャチな本でした。しばらく続けていくうちに芝居らしいものが書けるようになりました。いつも何かが働いてわたしに勉強する機会を与えてくれるのです。そしてわたしもそれに挑戦することに生きがいを見出していました。

吉本新喜劇の誕生

1959年（昭和34年）4月、皇太子殿下と正田美智子さんとのご成婚の儀式が行われました。この模様がテレビ中継されるとあって、テレビの保有台数は前年の倍以上に伸び、1500万人がテレビの前に釘付けになりました。

わたしは慣れぬ台本書きに一所懸命でした。ときどき製作部へよばれて、八田次長から壁に貼ってあるグラフを示されて、

「松ちゃん、お客さんの入りがここまできてくれたらええのやが、いま一歩というとこや。頑張ってや。そしたら背景も二メートルの物がこしらえられる」

そう激励されるのを嬉しく思っていました。自分を信頼してくれる人がいるのです。次長の期待に応えたいと思いました。

ほどなくして八田次長が、

「松之助君、吉本ヴァラエティを、吉本新喜劇に名前を変える」

と伝えてきました。

わたしが「松竹新喜劇があるのに」というと、「向こうは松竹の新喜劇。こっちは吉本

の新喜劇やがな」といったので、わたしは興行師というのはえらいものやと感心しました。八田次長は戦争中から吉本の経営を教え込まれてきた人だけに、一味も二味も違うところがあったのです。

「吉本新喜劇」と名前を変えた第一回は「夫婦読本」と題名をつけ、作・演出・主役の三つをつとめました。これが上手くいったので八田さんは、シリーズものにしようと言いました。わたしは新喜劇の台本を書かねばなりませんので、さらに戯曲の本を買い込んで読み漁りました。芝居も真似の出来るものはないか、そんな目で見るようになりました。新喜劇も自分が本を書いて演出するのですから、こんなに楽しいことはありません、誰も横から口出ししないで任せきりでしたから。

わたしは勝手な人間で、好きなことさえやっておればご機嫌になるのです。サラリーマンに比べてみたらこんな結構な稼業はありません。満員電車に詰め込まれることもなく、休憩時間は何をしていようが自由です。本来人間は自由なものです。それを自分の煩悩に使われて不自由にしているのです。

製薬会社がテレビ番組のスポンサーになる話がきました。中邨さんはわたしに「コマーシャルの企画書」を書けといいました。「簡単なもんや、大体の構想だけ書いたらええねん」。

そない簡単なら自分で書いたらええのにと思いましたが、これも勉強と引き受けて企画書を持って行きますと、先方の担当者がいろいろと注文を出してこちらの話すことには耳を貸そうともしません。わたしは腹が立ってきました。素人のお前らに何が分かるねん、まぁ金を出すのやからそっちの好きなようにしたらええ、と思いながら黙ってしまいました。その放映の第一回目にわたしが出ましたが、酔った勢いも手伝ってカメラに向かって、「おいッ嫁はん、お前の亭主はこんなことをやっているのやぞ」と怒鳴りました。その後のことは言うまでもありません。コマーシャルから降ろされました。

芸人は小屋（演芸場）へ出てたらええのや、と古い頭がそんな答えを出だすようになっていました。八田のオッサン（陰ではそういっていたのです）はこのことについて何もいいませんでしたが、劇場へは毎日顔を出し「松ちゃん、なにか新しいことを考えてや」といつも声をかけてくれました。そのたびにその信頼に応えなければならないと、挑戦する気持ちが高ぶってきました。

「ポケットミュージカル」といって男女の歌手を入れた舞台がありました。わたしを入れた五人に「ダークダックス」の真似をさせたものです。タキシードに白い手袋、これには照れました。歌も歌えないのに歌手の真似をさせる、これも吉本商法のひとつでしょう。

そんなこんなで吉本での時間を楽しんでいましたが、その年の12月30日、明日からお正月番組というのに酒に呑まれてしまった挙句、「会社をやめるから、舞台には出ない」と言い出してしまいました。

会社から事務員二人がきて、有無をいわさずタクシーに押し込まれました。当然、舞台はボロボロです。お客さんは怒って支配人のところへ「松之助は酔うとるやないか」と詰め寄ってきました。しかし、支配人はすました顔で、

「いえ、酔うてるのと違います。風邪薬を間違えて飲んだのです」

と言い繕っていました。永年、客商売をしているから客扱いはなれたものだったのです。

酒を呑んだ後は嫌悪感に苦しめられます。そしてまた「人間はなぜ生きていかねばならないのか」と反問を繰り返していました。この問題を解決しようと仏法の本を読み始めましたが、難しい上に二日酔いの頭では理解することができません。それでも本を読むのはやめませんでした。

浄土真宗には「真宗聖典」というのがあります。大無量壽経《だいむりようじゆきよう》をはじめ、観無量壽経《かんむりようじゆきよう》に阿弥陀経、親鸞《しんらん》聖人の書かれた「和讃《わさん》」や、蓮如《れんによ》聖人の「御文章」がのっていました。「白骨の御文章」には人間の「生」のはかないことが書いてありました。また親鸞聖人の「歎異抄《たんにしよう》」もありましたが、わたしにはわかりませんでした。聖書も読みましたが、歴史書だと思っていました。それが弟子たちの信仰体験を書き綴ったものであるということを知る

までには時間がかかりました。教会にも通いましたが、形式だけでわたしの心を満足させてくれることはありませんでした。「処女受胎の玄義・救済の玄義・復活の玄義」も信じることはできませんでした。

ただ、マタイによる福音書の「山上垂訓《さんじょうすいくん》」といわれる中の、

〃それだから、あなたがたに言っておく。何を食べようか、何を飲もうかと、自分の命のことで思いわずらい、何を着ようかと自分のからだのことで思いわずらうな〃

というのはわかりました。食べるものや着るもののことで心配するな、ということだと、自分に都合よく理解したのです。

松竹芸能へ移籍

ところで、二日酔いで舞台に出たり、合間の時間を使って台本を書き、芝居をするわたしは、非常に元気だと思われるかもしれませんが、実は医者通いを絶えずやっておりました。わたしの持病は「胃炎」でしたが、これは酒をバカ程呑むので胃が荒れているのが原因でした。「胃炎」を治すのには酒をやめたらよいのですが、これがなかなかやめられるものではありません。「禁酒宣言」をしても三日坊主に終わってしまうのです。

胃カメラでの検査を初めて受けた時は「胃が少し荒れていますね」「胃は大変良い形をしています」といわれました。胃の形が紅《べに》いものように小さくて細いということでした。しかし、酒を呑んでいる間は二日酔いで苦しく、医者通いも日常茶飯事でした。一度大きな病院へ行きましたら、先生も二日酔いで、わたしを見ながら「二日酔いは辛いね」といいました。こんな珍しいこともあるのかとその時は呆れましたが、胃の調子は相変わらずでした。

わたしの酒の呑み方は、朝起きると一番にワンカップを一息に呑みます。すると活気が出て頭も冴えたような気がするのですが、これは酒に騙されているだけで、ホントウはボケているのです。その状態に慣れているのでそう思い込んでいるだけなのです。

舞台の休憩時間には近くの寿司屋で一杯呑みます。そうするとご機嫌で舞台を務められます。しかし、これからが問題なのです。酔っていますから舞台が終わってもまっすぐ家には帰りません。居酒屋へまっしぐらという様子なのです。

下地ができておりますから、いくらでも呑めます。またたく間に銚子が七、八本並びますが、こうなると酒がわたしに断りもなくまた酒を呼ぶのです。

こうなってしまうと、もうわたしという人間は忘れられて、酒が酒を呑んでいる状態になるのは当然のことでしょう。酒は嗜むものだと知ってはいますが、酒の方がその嗜むで止めてくれないのです。いやぁ酒のせいにしてしまいましたが、意志が弱いので酒と戦う戦意がすぐに失われてしまうだけなのです。

うめだ花月の客足が増えてきたようでした。八田のオッサンが「松ちゃん、この調子なら『なんば花月』を明けられる日もそう遠くはないと思う、頑張ってや」といっていましたので、わたしもオッサンの期待に沿いたいと一所懸命にアイデアを考えていました。

松竹芸能から誘われたのはそんなときです。1961年（昭和36年）のことでした。こんなことは初めてのことだったので悩みました。頼りにしてくれている八田のオッサンに悪いとの思いがあったのです。三日三晩眠れぬ日が続きました。

松竹芸能からの条件は次のようなものでした。

4月に中座で漫才師を中心にした芝居をやりますが、メンバーはこの通りですと。見せてもらうと、中田ダイマル・ラケット、かしまし娘、ミス・ワカサ、島ひろしと名前が並んでいました。ダイマル・ラケットとかしまし娘が昼夜で、ミス・ワカサと島ひろしが夜の部だけで、昼の一本がわたしを主役にした芝居にしたいというのです。こんな豪華なメンバーの中に交じって、自作の芝居を一本出してもらえる。芸人にとってこんな誇りはありませんでした。

このことを八田次長に相談すると、わたしの看板の脇に「吉本興業」といれたらどうかといいましたが、これには松竹が「ウン」といいませんでした。わたしは悩みました。

「芸人は商品やから。買い手があったときに売らんとアカン。昔から『幕内の忠義はクソ忠義』というのや」

以前教えられた先輩の言葉が浮かびますが、吉本新喜劇もこれから八田次長の指揮のもとに変化していくだろう、その変化を見届けたいという思いも一方ではありました。

そのとき、放送局のあるディレクターが東京の放送局の裏話を聞かされて説得されました。

「松之助さん、松竹へいったらテレビにはでられませんよ」

これにはなんと卑しい人なのだろうと思いました。それには「それなら車をひいてラーメン屋をします」とわたしは答えました。

八田さんの「断わってくれ」という声が聞こえますが、わたしは思い切って松竹芸能に移ることにしました。八田さんに会う勇気がなかったので電話で「すみません」と謝りました。次長は「もうええッ」と乱暴に電話をきりました。怒っているのがはっきりわかりました。後できくと、電話で話をしたのが無礼だということでした。でも、それは無理でっせ。初めての事ですもの、動転していたのです。

わたしは母親に松竹芸能で中座へ出ることを話しました。母親は、

「お前が中座へ出るようになったら、中座もしまいや」

といいました。

永年、この劇場で歌舞伎を見てきた母親はそういわざるを得なかったのです。わたしは母親を桟敷席に呼びました。劇場が終わって家に帰り「どうやった？」と聞くと「あんなもん芝居やあらへん」と母親はいいました。ちょっとぐらい喜んでもよさそうなのに。

わたしの芝居は吉本新喜劇で習い覚えたドタバタでした。これには中座の狂言方が「この芝居が一番おもしろい」といってくれました。そらそうだろう、芝居の規格からは外れた芝居なのだから、はじめて見るひとには驚きだったに違いありません。

中座が終わると、ワカサ・ひろしが座長の「松竹とんぼり座」の結成でした。そこでは台本も書いてもらいたいとのことでした。その結成式の場に、わたしに吉本に残るように説得したディレクターが座っていたので、これには驚きました。と同時にこの世界の裏を見せられた気分でした。第一回の「とんぼり座」公演は、京都の南座《みなみざ》ででした。ちょうど祇園祭のときです。

ワカサ・ひろしを座長にした「とんぼり座」はわたしには気に入らないものでした。主役にあてたワカサがどんな芝居でも漫才の時と同じ金髪でその上にお椀のようなのを載せているのです。会社にいっても、会社も看板芸人だから何もいいません。私が一所懸命に書いた芝居も、これでは少しも変化がありませんでした。

ところで、ワカサという人はなにを勘違いしたのか、どんな役でも髪形を変えません。先輩のことですから私は黙ってましたが、どうやら本人は余興に行くときのことを考えていたらしいのです。芝居の腕はたいしたことはありません。何をやっても漫才のワカサを出そうとするので、わたしが芝居の色を変えようとしてもまったく無駄でした。やはり蝶々さんとは雲泥の差だったのです。そんなことが分かるようになったのは、わたしが進歩したということなのでしょう。

それでも一年が過ぎたとき、何の前触れもなくワカサ・ひろしが退座しました。こんな劇団の座長があるだろうか。自分達を座長にした劇団なのです。その座長が抜けたら一座は解散になるということを考えない行動でした。わたしには会社からなんの通知もなく、本人からも何も話はありませんでした。まさに寝耳に水とはこのことでしょう。座付き作者として台本を書いているということは、一応その一座を運営しているということになるのに、その人間に何も知らせないでことが運ばれたのです。これには腹が立ちましたが、わたしは何もいいませんでした。ワカサ・ひろしがなぜ退座したのか。ワカサとひろしは芝居をしていたら余興に行けないといったそうですが、後輩のわたしが台本を書き、演出であれこれ注文するのに居心地の悪さを感じたのかもしれません。

楽屋ではこんなことがありました。わたしが楽屋入りすると、女優二人が突っ立っているのです。どうやら化粧前の並びが気にいらなかったようでした。わたしはすぐに自分の化粧前を、楽屋の入口の所に変えました。これで二人の女優も諦めたようでした。しかし、このときでもワカサ・ひろしは何の対応もしませんでした。つまり座長の器ではなかったのです。楽屋頭取が「松之助さんはえらいことしますなぁ」といいましたが、化粧前の並びくらいがどうだというのだ、芸人の勝負するところは舞台ではないか、そんな小さなことにこだわるのはバカらしいと思わない人を気の毒にすら思っていました。

それと松竹では「下駄箱」も看板順になっていました。歌舞伎ではあるまいし、演芸場でそんなことをして何になるのかと思って、わたしは上にある自分の名札を一番下にもっていきました。

ワカサ・ひろしの抜けた「とんぼり座」は「松竹爆笑劇」と名前が変わりました。そこへ会社の勝社長が「花登さんの劇団から優秀な若手を七人譲り受けた」といって、「笑いの王国」(大村昆・芦屋雁之助・小雁)で「七人のワムライ」というのが、爆笑劇へ移籍してきました。会社の社長は「これは強力なメンバーですよ」といいましたが、わたしは不満でした。人数が増えればそれに合わせて台本も書かねばならぬのに、役者の人事が事後承諾では困るのです。その上、そのメンバーを舞台稽古に立たせてみたら、優秀どころか全くの素人でした。わたしが一所懸命に書いた台本も何の値打ちもないものになってきました。その上、彼らは演芸場に出ることを希望してなかったのです。大きな劇場の楽屋口から入るのを人に見られたら体裁がよい、そんな感じをもっていました。つまり「笑いの王国」の邪魔ものを会社が引き取った形なのです。

こんな素人を使った芝居が笑えるはずがありません。そうすると今度は補強のために漫才を入れると言い出し、「トナカイ方式」で頭を三人にしたいと言い出しました。四十分の芝居で三人が頭になる芝居は書けないと抗議しましたが、受け入れてもらえませんでした。わたしは台本を書くのを断りました。それに吉本の八田さんと違って、芝居に一々口出しするのです。それが的外れなことばかりで、わたしをイライラさせました。わたしはここを「やめよう」という気になっていました。

その後、また追い打ちをかけるように、一座がしていた杉村千恵子主演の芝居をわたしには無断で上演しました。わたしは酒に酔ったいきおいで舞台の上から客席に向かって「こんな芝居おもろないやろ、笑うな」と怒鳴ってしまいました。これが早速新聞に「芸人としてあるまじき振る舞い」として載ったのです。わたしは「ふん、あるまじき振る舞い？勝社長の興行師としてのあるまじき振る舞いのなせるわざだよ」と思っていました。

断固として謝るつもりはないわたしは、長谷川部長の努めで楽屋の先輩達に謝りましたが、決して間違っているとは思っていませんので形式的に「昨夜はすみませんでした」といっただけでした。どうせこんな稼業はいつ辞めても良いという気持があったからです。契約期間の三年が近づいた頃に千土地興行から誘いがありましたのでそちらへ移りました。

ただ、この会社に移ってよかったのは、枝鶴が父親の名前を継いで「六代目松鶴」になる襲名披露の興行で、口上に並べたことでした。

枝鶴は襲名の記念にわたしに、自分と揃えの長襦袢《ながじゅばん》をこしらえて、

「よかったらこれを着てくれ」

といいました。枝鶴は父親の世話をしてくれた、わたしに礼をいいたかったのです。長

い間そのことを気にかけてくれていたのです。わたしは枝鶴の気持ちを思うと、何にも代え難い嬉しさを感じました。

ちょうどその時に、わたしは道頓堀の東の端にある、「文楽座《ぶんらくざ》」の松竹家庭劇にゲスト出演していました。芝居の役は土方の親方です。芝居の合間をぬって「角座《かどざ》」へ毎日二回かけつけました。ある日、芝居の時間の都合で襲名口上に間に合わないことがありました。わたしは役をカットしてくれるよう演出家に頼みましたが聞いてもらえません。その日、舞台の出番が終わるとわたしは楽屋へは回らずに文楽座の表から道頓堀筋へ飛び出しました。外は雨が降っていましたが、その中を地下足袋で走りました。角座の木戸口からずぶ濡れの体を運んでいったのです。楽屋の人たちは、「えらいことする男やなぁ」と驚いていましたが、枝鶴は喜んでくれました。

千土地興行時代

1964年（昭和39年）4月、わたしは千土地興行に移籍しました。わたしが松竹芸能をやめようと思っていたちょうどその頃に、千土地興行の社員が会いたいといってきたのです。わたしは会ってすぐに契約することを決めて松竹芸能に報告しました。むこうは慰留してきましたが、これは表向きで、芝居そのものがお荷物になっていたのはわかっていました。わたしが辞めてから三カ月で「松竹爆笑劇」はなくなりました。わたしが移籍すると聞いて、夢路いとしさんが、「松之助君、もう行くところはないいなぁ」と感心していました。

千土地興行では千日劇場の高座と、大阪劇場のショーに出演する機会がありました。中田ダイマル・ラケットの「僕は二等兵」、三橋美智也の芝居、山田太郎の歌謡ショー、このショーの楽日のことです。

歌手の山田太郎のショーで、わたしの役は山田太郎扮する貧しい少年の父親役でした。楽日の舞台で父親が外灯の下で思いにふけっていると、客席から笑いが起こりました。なんでだろう？　と振り返ってみると、バンドマンがゾロゾロ歩いて通っていました。わたしはカーッとなった。

「おいッ、何をしやがるねん、芝居を潰すのならなんぼでも潰したろか」

そう怒鳴ったのです。わたしはいつでも芸能界をやめるという、自棄糞《やけくそ》な気持ちもありましたからそんなことがいえたのです。客席は一瞬シーンとなりました。わたしはそのまま芝居を続けました。

舞台後、歌手のマネージャーが菓子折りをもって謝りに来ました。わたしは「地方公演ならいざ知らず、ここは天下の大劇や、あんなことをしてええか悪いか、考えたら分かるのやありませんか」といいました。過去にはお笑いで随分無茶なことをしてきましたが、芝居というものが分かってくると芝居をするのが役者の努めなのだと分かった頃です。

畠山みどり、東千代之助、千土地興行社長夫人（昔は明石八千代という地方回りの役者だったということです）らの「女房心得帳」に出演し、演出もやりました。歌舞伎から中村桜彩《おうさい》、わたしは夫婦の叔父さんの役でした。内容は、夫婦仲があまりによいのを嫉妬して嫁につらくあたる母親役の中村桜彩に、伯父さん役のわたしが、「女房心得帳」をもってきて、これを読めという。その本を読んでワザと夫婦が仲を悪くする。すると姑が仲にはいるので、嫁と姑の仲も丸く収まるという話です。

何日目かの公演のときに、ふと気がつくと一番大事なその本を持って出るのを忘れていました。さあ、慌てましたね。けれど体は舞台の上で芝居は進んでいきます。どうしたらよいものかと途方に暮れていました、そのときにひょいと花道のつけ際を見るとコントの「すっとんトリオ」の松田君の顔が見えたのです。これ幸いとホッとしましたが「本を忘れた」と伝える手段に困りました。そこで手真似でお客に知れないように「本を忘れた」と知らせたのです。やっとわかってくれた松田君が舞台の奥への出入り口の陰に本を置いてくれました。彼のお蔭で芝居は無事に終わりました。桜彩さんに「歌舞伎の人間はいつも手拭を懐に入れています。何か事故があったとき手拭は何にでもなりますからね」と教えてもらいましたが、落語家が手拭が何でもなるということを教えてもらうやなんて、自分でおかしくなってしまいました。

この芝居で感心したのは、昔この芝居を戎橋松竹で三遊亭柳枝《りゅうし》がやっていたのを見たことがあるのですが、とにかく芝居の運びには関心がなく、無茶苦茶ばかりで笑いをとっていました。わたしは桜彩さんが芝居を崩さずちゃんとやって、それで客席から爆笑をとっているのを見て、おかしな言い方ですが「芝居はちゃんと芝居をするものだ」ということも覚えたのです。

千土地興行の直営劇場の「千日劇場」は千日デパートの六階にありました。エレベーターを降りるとゲームセンターになっていて、そこを抜けたところに劇場がありました。ある落語家が「ゲームセンターを抜けるとそこは演芸場だった」と川端康成の『雪国』をもじってそういいました。この劇場では大喜利に出たり、落語もやりました。

文枝師匠に教えてもらった「大名将棋」をやったときのことです。

舞台から降りてくると、お囃子場の三味線の師匠のおとみさんが、

「松之助はん、えらいすんまへんけど、この落語はアテが死んでからやってんか」

といってきました。この人は勲七等宝冠章をもらった人でした。わたしは「ウヘーやられた」と思い、小さくなってしまいました。大正、昭和と名人上手の落語を聞いてきたこの人には、私のこの落語は聞くに堪えないどころか、頓死するほどの苦痛を与えたのに違いなかったのです。

おとみさんに関しては、橘《たちばな》ノ《の》円都《えんと》師匠に習った「軒付《のきづ》け」をやったときも、そのときにタイミングよく円都師匠が楽屋に顔を見せたときに、

「円都はん、なんであの子にあのネタを教えるのや」

「いや、教えてくれというたさかい……」

「なんぼ教えてくれというても、教えてええネタと悪いネタがある」

そんな会話があったそうです。

このとき、わたしは四十歳を目の前にしていましたが、これではなかなか先輩師匠方に

追いつくことはできないと痛感しました。

この劇場で鳴り物を受け持っていた右之助さんという人がいました。この人は初代春團治に可愛がられて、初代が座敷にくるまで繋ぎ（座持ち）をしていたという人です。右之助さんには、わたしの落語に「時間を盗む」「お客によく分かる演じ方」の抜けているのを教えてもらいました。やはり昔の人の話を聞いている人は違うなぁと思ったものです。

吉本への復帰

千土地興行に移籍して二年が過ぎた1966年（昭和41年）11月のことでした。吉本興業から社員が来て、「中邨さんが会いたいと言っています」と話を持ってきました。中邨さんに会うと「帰っておいで」という話でした。わたしはその場で復帰する約束をしました。

千土地興行が契約延長の話を持ってきた時に、「もう吉本と契約しました」といってもなかなか信じてもらえませんでした。それから半年くらいで「千日劇場」は店じまいをしました。

わたし「自分は運の強い人間だ」。そう思ったものです。興行会社の裏をちょっとでも知ったというのは（ホントウは芸人はそんなことを知ってはいけないのですが）、本当に勉強になったと思いました。

当時、三つの会社を変わるというようなことは、わたしだけだったのではないでしょうか。しかし、芸人は浮草稼業ですからとどまるところは無いのです。今の人は、興行会社に就職したと思っている人が多いようですが、そうではないのです。

わたしが自分で考えて動いたのは、落語家になろうと思ったことと、新芸座をやめようと思ったことの二つでした。あとは皆、水面に浮かぶ木の葉か、空をいく雲のように運命をまかせていたのです。

わたしは六年の無茶修行を終えて吉本に帰ったわけです。八田次長からは、

「松ちゃん、あの時はまだ契約が一カ月残ってたんやで」

といわれました。八田さんの胸の内には、わたしを世間の風に当ててみよう、という親心があったのです。わたしは無言で深々と八田さんに頭を下げました。

吉本興業に帰ってからも相変わらず台本を書き、芝居をしていましたが、あるとき中郎課長が、

「松ちゃん、台本を書くのをやめとき」

といいました。わたしはこれは台本書きを本職としている人から苦情がでたのだと思いました。自分たちの書く台本よりも役者の書く台本が面白くては面目がないと思ったのでしょう。それなら勉強をすれば良いのに、自分は勉強をせずに他人を排斥するとはつまらぬ人間だと思いました。

中郎さんも組織の統制上、わたしに台本を書くことをやめさせなければならなりませんでした。ですが、その人達の書く台本は相変わらず台本になっていないので、どうしても

無理が出てきます。

いまの「吉本新喜劇」はお芝居ではありません。個人演芸の展示です。芝居というものは主役、脇役、端役、とそれぞれの役割が決まっています。笑いの配分もその通りになっています。それで芝居の筋は運ばれ、山場もできるのです。お客さんも適度に興奮したり心配したり爆笑したりできる。これは出演者が持ち場を守って自分の責任を果たすからこそ成立するのです。ところが「彼奴がやるのなら俺もやらな損や」という心得違いの人が出てきました。そのことに対して注意することは「雇われ主役」のわたしにはできません。これでは普通にお芝居をして笑いをとる芝居をやれるようにと、考えているわたしとは合わなくなってきたのです。わたしは「ここで芝居はできぬ」と思って、新喜劇をやめさせてもらおうと八田部長のところへ行くと、

「松ちゃんなにもいいな、わかってる」

と部長は私の言葉をさえぎりました。八田さんは自分が作り上げた「新喜劇」の舞台をいつも愛着をもって見ていたからすべてがわかっていたのです。部長はわたしの芝居が当時の新喜劇に合わなくなっているのがわかっていたのです。人を使う立場の人間はそこまで見抜く能力がなければ、人はついてこないものなのです。昔からたたき上げてきた人の値打ちというものを知らされたような気がしました。

私が新喜劇を去ったあとで『セーラー服と機関銃』という映画のパロディーをやっていました。女優が舞台狭しと走り回るものです。八田部長はこれを見ると机を叩いて「俺のこしらえた新喜劇はこんなものではない」と激昂したということを聞きました。いくらお笑いといっても限度があるのです。人形の赤ん坊を放り上げることも注意していました。汚れ役でもホントウに汚い衣装は着るなともいっていました。清潔な笑いです。八田部長は新喜劇を愛していたのだ、とわたしは思いました。

それからの「新喜劇」はどんどん変わっていきました。一人一人が役を考えずに、笑いをとることだけを考えた舞台になっていったのです。中邨さんは「うちのは団体演芸です」といっていました。

お客さんも個人プレイを楽しみにして劇場へ足を運ぶようになりました。それが現在も続いているのです。また、本人たちも他所へ行くというようなことは頭にはありません。いまの「吉本新喜劇」が好きなのですから。

人それぞれの人生という画を描いて生きていくのですから、他人がとやかくいうことはありません。この世は無常です。何事も絶えず変わっていくのが当然なのです。それを昔に戻そうなどと考えるのは「世の中の移り変わり」というものを自覚していないことになります。お客さんは絶えず新しいものを求めています。それに対応するのがサービス業の出演者の態度なのです。難しい理屈抜きに楽しめるのが演芸場の目的なのですから。

新喜劇をやめたわたしの出番は一人高座でした。落語家が落語をやるのは当然のことですが、あるときお客さんの変化に気がつきました。いままでの落語では笑いが起きないのです。それこそ林正之助会長ではありませんが、「笑わします」といってお金をもらっているのに、お客から笑いがとれなかったら面目次第もありません。

わたしは悩みました。お客は何がわかるのだろうかと。そして気がついたのは、家でいつも見ているテレビのコマーシャルでした。その頃はまだコマーシャルは珍しくて面白いものだったのです。これなら見ている人も多いだろう。そう気がついてコマーシャルの「穴」を突いたネタをこしらえてみたところ、客席に笑いを取り戻すことができました。

これには八田部長が「コヤツはえらいことを考えよった」といったそうです。八田部長は本書きにいって、ポケットミュージカルでコマーシャルを使わせました。これはわたしに対する激励です。

「なにクソ、そんなことで負ける松ちゃんではおまへんで」

とコマーシャルの内容もいろいろと取り替えました。

このトークは長らく続きました。すると楽屋で冗談めかして「今日も世界の名作、仮面ライダーですか」といわれるようになりました。

一人高座になって自分の思う通りのことができるようになりました。半ズボンにタキシードの上着に蝶ネクタイをつけて舞台袖に立ち、上半身にスポットをあててもらって宮沢賢治の『雨ニモマケズ』を反対にしたものをしゃべり、照明がパッとつくと、全身が見えるようにしました。これは笑いがありました。

吉本には六年ぶりに帰ってきたわけですが、酒との縁は切れませんでした。喫茶店へ行くということを知らなかったので、時間つぶしについ呑み屋に足が向いてしまうのです。相変わらずの二日酔いでなんば花月の楽屋に行くと、拍子の悪いことに八田部長と鉢合わせしてしまいました。わたしは自然に酒の匂いの残っている口を押さえました。「おはようございます」と挨拶をすると部長が、

「松ちゃん、酒を呑むのも少し控えや。会社へ告げにくる人間がいてるさかいな」

といいました。わたしは「へー、俺の酒を呑むことは周知のことなのに、わざわざ会社へ告げにいく人間がいてるのか、ケチな根性の奴やな、告げに行って褒賞がもらえるわけでもあるまいし、かえって部長に人間性を知られて損になるのに」と思いましたが、おくびにも出さず「はい、ありがとうございます」と素直に礼をいいました。ですが、例によって何でも自分の都合の良い方に考えてしまいますので反省の気配は少しもありません。いや、こういってしまうと嘘になります。その場は反省しているのだけれど、その率直な

気持ちをすぐに酒が打ち消してしまうのでした。

その日は特に酔いが回っていましたが、そのまま舞台に出ました。うめだ花月でのことです。ご機嫌でしゃべっていて、ふと舞台の袖を見ると八田部長が苦い顔をして私を見ていました。「しまった」と思いましたが、どうすることもできません。

舞台が終わって楽屋に入ると、楽屋の壁に明日の出番割が貼り出してありました。わたしは二つ目の出番に降格、しかもご丁寧に赤字で書いてあります。わたしは酔うている勢いで「ふん、俺の本名は明石や、赤字がよう似合うがな」と本心とは裏腹に虚勢を張りましたが、それは周囲の人への照れ隠しでした。

劇場が終わると縄のれんを頭で二つに割って「一杯くれ」と声をかけました。八田部長や中邨さんやその他の人もわたしの酒を心配してくれていたのです。なんば花月の支配人は、

「松ちゃん、酒を呑んだ日は休んだらええねん、こっちはうまく計らうとくから。お前は酔うても出てくるから皆が迷惑するのやがな」

といってくれました。「そうや、休むという手があったがな、それでいこ、が、待てよ、そんならずっと休むことになりそうやがな」。

それと先輩から「芸人は初日に十日の給与をもらうやろ。『これは十日間働かしてもら

います』という暗黙の約束や。そやさかい少々のことで休んだらいかんのや。昔からいうやろ、親の死に目に会えん稼業やと、お客さん第一という考えからやな。それと他人に舞台を代わられるのを嫌う、なんでやというたら、代わりの人が自分よりよかったら自分の今の座を奪われるという心配もあったんや」というようなことを聞かされていたので、酔うていても劇場へは行かねばならぬという殊勝な気持ちが働いていたのか——そこまではわからないということにしておきます。

林正之助会長はよく劇場へ顔を見せていました。客席の一番前の脇で客席の方を向いてお客さんの顔色を見たり。また二階席から芸人が受け持ち時間をちゃんと勤めているかを見ているのです。嫌な、煙たい人でした。戦前は劇場へ来て女性芸人の衣装や帯留めのことにまで口出ししたそうです。舞台の幕間が長いと楽屋へ駆け込んできて進行係に「遅いッ」と怒鳴ったこともあったそうです。つまり、商売熱心なのですが、それは昔の話でいまは会長になったんですから、会社にじっと座っていたらよさそうなのに、出てくるんです。

なんば花月で人気絶頂の若い漫才が出て、その後にどういうわけかわたしという出番でした。会長が劇場二階の客席で芸人の演った時間をプログラムに書き込んでいました。本社へ帰った会長が人気絶頂の漫才が三分短かったと中邨さんに文句をいいました。そして

「あッ、松之助が酔うてたぞ、彼奴を呼べッ」とえらい見幕でいったのを、中邨さんが「もうテレビの仕事に行きましたので……」とうまく繕ってくれたそうです。若い漫才が時間をちゃんとやっておれば会長も思いださなかったのにと、わたしは若い人気絶頂の漫才の人を恨めしく思ったものです。

東宝名人会に出演

東京の寄席、上野の鈴本を振り出しに、浅草演芸場から、東宝名人会に出演することになりました。これは柳亭痴楽《りゅうていちらく》師匠の好意でした。痴楽師匠が自分の出番をわたしに譲ってくれたのです。他の師匠連から苦情がでないようにも計らってくれ、宿賃も出してくれました（なんで、こうも人に好かれるのだろう？）。粋曲《すいきょく》漫談の柳家三亀松《やなぎやみきまつ》先生が、

「朝食はうちでしろ」

といってくれました。

初日、先生の家にいくと、ご飯の前にウイスキーをコップ一杯だされました。それを一気に飲み干したので、鈴本の高座に上がったら舌がもつれてしまいました。

浅草演芸場をすませて東宝名人会まで電車で向かいました。出番はわたしの前に金原亭馬生《きんげんていばしょう》と古今亭志ん生《ししょう》、その後に曲芸があってわたしの順です。

「ええッ、志ん生師匠の後！」

トリ前が三遊亭円生《えんしょう》師匠でした（いま売り出しの人ばかりだ、その上、わたしは円生師匠の芸風にひかれていた）。ここで気がついたのは、落語家は他人をうまいと思っては

負けであるということでした。

鈴本、浅草とすませて東宝名人会へ向かいました。電車が東京駅へ近づくにしたがって気分が悪くなってきました。高座へ座ると落ち着くのですが、それまでが具合が悪い。エレベーターの前でしゃがみ込んでしまいました。前座の人に、

「わたしがオカシイと思ったら幕をひいてください」

と頼みました。

その後、ついに堪り兼ねて病院に行きました。

「緊張のし過ぎです、気分をゆったりもって」

それは分かっていました……がどうにも仕方がないのです。

一度、円生師匠が「済みませんが松之助さん、出番を代わってください」そういってきたことがあります。わたしは自動的に円生師匠の出番で出ることになりました。トリ前です。しかし、このときには緊張感はありませんでした。つまりわたしは自分の落語を先輩に聞かれることが恐ろしかったのです。素人のときは師匠の前で「くっしゃみ講釈」をやったのに、プロになるとこのざまでした。

テレビドラマ「てなもんや三度笠」

「てなもんや三度笠」という藤田まことと白木みのる主演のテレビドラマがありました。わたしは準レギュラーの形で出ていましたが、第一回のメンバーはそうそうたるもので、エノケン（榎本健一）、金語楼の大看板に、茶川一郎、夢路いとし・喜味こいしの顔ぶれです。この番組が回を重ねて全国でも評判になると、一流歌手が出演するようになりました。夜に立ち稽古をしますが、出番のない時は片隅で百円硬貨の表裏を当てるゲームで遊んでいて、呼ばれると出ていって帰ってきてはゲームを続けるのです。

出演者はみなディレクターより舞台の経験を積んでいる人ばかりでした。ゲームをしながら「何をいうてるねん、素人が」とディレクターのことをいっていました。わたしはたいてい一杯機嫌で、皆もそうだったのです。

脚本家がわたしに美空ひばりの歌を歌わせる本をかいてきましたが、わたしは歌を歌えませんし、その歌を知りませんでした。ディレクターは美空ひばりの弟に「今どき姉さんの歌を知らない人が大阪にいてるのや」といいました。女性歌手がわたしに一所懸命になって教えてくれますが、わたしにはそもそも覚える気がありませんでした。

「てなもんや三度笠」の特別公演が、中之島の「フェスティバルホール」でありました。わたしの役は、病気で寝ている地方の親分役です。わたしは寝ているのを幸にいつもの怠け癖で、セリフをしっかり覚えずに枕元に台本をおいていました。

そこへコメディアンの関敬六が旅人姿で訪ねてきました。少しだけセリフのヤリトリがあって、わたしはもうセリフは無いと思っていました。しかし、相手は続けて話しかけてきます。困りました。まだセリフがあったのです。わたしは腹を決めて黙っていました。ですが相手も執拗に言葉をかけてきます。

「飛ばして次へいけぬのか、ド不器用な奴やな」と思いました。

そのうち満員の客席もわたしがセリフを忘れているのに気がつきました。ジワ（さざ波のような小さなクスクス笑い）が起きてきました。それでも相手は言葉をかけ続けてきます。切羽詰まったわたしが、

「あっしばかりに話しかけないでくだせぇ」

というと場内は大爆笑となりました。主役の二人も後向きになって吹き出していました。

数日後、夢路いとしさんが、

「松之助君、えらいセリフをいうたそうやなぁ」

といったので、この世界の噂の広がりの早さに驚きました。

二度目の吉本時代

ポケットミュージカルでは歌舞伎のパロディーをやりました。「与話情浮名横櫛《よわなさけうきなのよこぐし》（お富、与三郎）」「恋飛脚大和往来《こいびきやくやまとおうらい》」「夏祭浪花鑑《なつまつりなにわかがみ》」「国訛嫩笈摺《くになまりふたばのおいずる》（どんどろ大師）」。

このときには、出演者の名前を蛍光灯で書いて、アッチコッチに貼り付けてスポットライトで照らしました。漫才もフリートークという発想から、舞台に花瓶をのせたテーブルを出し、後輩と二人が椅子に座って持ちネタを交互にしゃべりました。

これは舞台面の変化を狙った演出でした。またテレビ初期の外国喜劇に「笑い声」が入っていたのを利用しました。あらかじめ色んな笑い声をテープにとって、音声係に台本をわたして、キッカケのところで「笑い声」を流すことにし、そして話はわざと面白くないものにしたのです。

お客さんははじめ「なんでこんなことで笑うのだろう?」と奇異な思いをしていたようですが、それが繰り返されると、「ああ、こういう趣向なのか」とわかって、笑ってくれるようになりました。

これなら間違いなく受ける。客席を気にしなくても楽にやれる。京都・うめだ・なんば

の三館でも同じことをやりました。こんなことをしようと思いついたのも八田部長が劇場へきて、

「松ちゃん、何か変わったことを考えてや」

と声をかけてくれたからです。もちろん、その中には失敗もありました。エノケンの真似をして「蝦蟇《がま》の油売り」を歌でやったのですが、うまくいきませんでした。また落語の「宿屋仇《やどやがたき》」を若い後輩三人にやらせてみましたが、芝居ができなかったので失敗に終わりました。

今はなくなりましたが、心斎橋の角のビルに吉本が「二丁目劇場」というのを開けていました。お客は若いというより少女が多くいました。わたしは支配人に、そのお客に落語が通じるかどうか試したいといって出してもらったことがあります。わたしはジーンズの上下にサングラスをかけ帽子をかぶって老人であることを隠しました。演目は「三十石船」です。舞台中央にパイプ椅子をおいて、立ったり座ったり、照明に変化をつけてやりました。

少女ばかりのお客さんは静かに聞いてくれました。支配人も「よう聞いていましたよ」といってくれました。

また劇場ではこの「三十石船」で船頭になると着物の上半分をバッと脱いで、入れ墨の入った肉襦袢で船を漕ぎました。またある時は、幕開きに「京都名所図絵」を拡大したも

のを衝立にして、雑踏の中にナレーションを入れて、衝立が左右に開くとわたしの高座姿があるようにしました。これは好評で会社から賞金をもらいました。昔からあるものに手を加えるといかにも斬新に見えるものなのです。

断酒

1975年（昭和50年）6月1日、この日からわたしはホントウに生きた人間になりました。酒がやめられたのです。

それまでに何度も禁酒を試みてきましたが、いずれも三日坊主に終わり、二日酔いに苦しんでいました。ですが、この日からジュースと牛乳の助けを借り、三日が過ぎ、十日も過ぎて、一カ月もの間酒から離れられたのです。

これなら大丈夫だと思いました。それから以後、酒を口にしたことはありません。酒席でもジュースで付き合えるまでになっていました。

それまでに内山興正老師の提唱で、「酒を呑んでいるときの話は酔うての上の話、正気ではない。仏法はマッサラな目で見ること」といわれていました。わたしはそれを聞いても酒をなかなかやめられませんでしたし、そんなわたしの姿を見て、楽屋のお茶子さんが「あの人ももう長いことないで」と噂をしていたそうです。

酒を呑んでいるときのわたしは目のふちが黒ずんでいました。酒がやめられてから考えると、わたしは小心者であって酒の勢いを借りねばならなかったのです。面白いことを考えても、それをシラフでやるのが怖かったのです。

周囲の人はわたしが酒をやめたことを「意志が強い」といってくれましたが、わたしは「何者かの力である」と思っています。さて酒をやめて考えてみると、禁酒する人は「これから先、何年も」とその長さを考えて、禁酒に失敗するのだと思います。酒をやめるのは「今、ここ」だけやめればよいので、そう考えれば誰にでも実行できるものです。

この「今・ここ」ということを禅では「即時即今」といいます。盃を手にしようとした時に、「やめておこう」と盃から手を放せばよいのです。「今、盃から手を放す」ということを繰り返していったら、時間は流れていきます。これは人間が生きるということにも通じるのです。

人間は「非連続の連続」といわれます。学校で習った幾何の「線は点の連続」ということと同じです。続いているようで切れている、切れているようで続いているのが人生なのです。

高神覚昇《たかがみかくしょう》『般若心経講義』に次のような一節があります。

その昔、播州《ばんしゅう》に瓢水《ひょうすい》といふ隠れた俳人がありました。（中略）その瓢水翁が、ある年の暮れ、風邪《かぜ》をひいてひき籠《こも》っていたことがありました。折りふし一人の雲水《うんすい》、彼の高徳を慕って、一日その茅屋《あばらや》を訪れたのですが、あいにく、薬をとりに行くところだったので、「しばらく待っていてくだされ」といい残しつつ、待たせておいて、自分は一走り薬屋へ用たしに行きました。後に残された件《くだん》の雲水、

「瓢水は生命《いのち》の惜しくない人間だと聞いていたが、案外な男だった」

といい捨てて、そのまま立ち去ってしまったのです。帰ってこの話を近所のものから聞いた瓢水、

「まだそんなに遠くは行くまい、どうかこれを渡してくだされ」

といいつつ、一枚の短冊《たんざく》に、さらさらと書き認《したた》めたのは、

浜までは海女《あま》も蓑《みの》きる時雨《しぐれ》かな

という一句だったのです。

（『般若心経講義』高神覚昇、角川文庫）


これからすぐに海へ入って体が濡れるのに、時雨には体を労《いたわ》って蓑を着るというのです。

これこそは「今」を大切にするということです。人間はいつどこで死ぬかもしれない、だ

から「今」を大切に生きなければと教えられました。
イスラエルのことわざに、

明日、地球の終わりがこようとも、
わたしは今日オレンジの木を植えるだろう

というのがありますし、内山興正老師の『典座教訓にまなぶ』には、

この無常の世の中にあって、今晩のうちに何が起るかわからず、この夜のうちに大地震がおこるか、大火事で焼けてしまうか、あるいは戦争が起るか、革命が起るか、または自分自身が死んでしまうか、——まったくわからないのに、とにかく「今夜は今夜の仕事として」「明朝のお粥の用意、および明日昼の食事の計画をたてておけ」
(『人生料理の本——典座教訓にまなぶ』内山興正、曹洞宗宗務庁)

とあります。こういうと何か緊張の連続のようでもありますが、そうではなく、当たり前のこととして「今を一所懸命に生きること」が大事なのです。そうわたしは思っています。

また、兼好法師は、

人皆生を楽しまざるは死をおそれざる故なり

といっています。楽しみは海外旅行でもなく、テレビゲームにうつつを抜かすことでもありません。「山川草木」、どこにでも楽しみはあるのです。

楽しみは雪月花に孫の顔　　松之助

「楽悟家」とは

わたしは今は楽悟家と自称しています。これは自分勝手にやっている落語家と同じでないというのと、自分は名人といわれた五代目笑福亭松鶴の最後の弟子だという誇りを表しているのです。あとで気づいたのですが、「楽悟」というのは師匠の戒名を逆にしたものでした。妙な縁です。

落語家として働いたのは経歴の10％足らずだと思います。ドタバタ芝居、映画、写実な芝居、タレントといろんなことをやってきましたから。しかし、「吉本新喜劇」で台本を書かしてもらったというのは、大変な勉強をさしてもらったということで、いまでも八田社長の恩を感じています。それというのは芝居を書く上で戯曲の本を読んだり、演劇の理論を述べた本にも目を通す機会を与えられたことです。

「落語は想像の芸だ」という人もありますが、「芸は描写」だという言葉を聞くと、お客さんの想像力をかき立てる演技がいると思っています。極端な言い方ですが、「想像の芸」なら落語を棒読みして、あとはお客さん任せに、ということもできますが、実際はそんなバカなことをできる訳がありません。

桂文楽師匠は『芸談あばらかべっそん』で、明治時代に師匠の円朝《えんちょう》より上手いといわれた、三遊亭円喬《えんきょう》の「鰍沢《かじかざわ》」を絶賛しています。

なかでも「鰍沢」は天にも地にもない巧さで、吹雪のなかを旅人があの山の中の一軒家へ辿《たど》りついて笠をとった動作、合羽をぬぐ趣向、手をかじかめてソダをくべて、フーッとそのソダから煙りが炊上がるあたり、それからソダの火の明りで月の輪お熊の顔をみて、

(この人どこかでみたような女だがなあ)

と考えるその目つき。

「お神さんのお言葉の様子では、あなたは江戸の方のようにお見受け申しますが」

「アイ江戸なんですよ」

「さようでございますか……どうも……江戸はどの辺でいらっしゃいます」

「浅草辺《へん》なんですよ」

「浅草……ちがいましたらお詫びをいたしますが、あなた吉原においでになったことはございませんか」

「廓(なか)にもちっとばかりいたことがあるの」

「おあんなさいました、ちがったらお詫びをいたしますが、あなたは熊蔵丸屋（くまぞうまるや）の月の戸おいらんじゃございませんか」

「ビックリしたこと、おまはん誰……」

「アーッ、おいらんでしたか」

といいながら、ソダへ指を突《つ》ッ込むので、

「熱《あつ》、熱《あつ》、あつつ……」

「アラあぶないこと、いろりに手を突《つ》ッ込んで」

というあたり、いまでもマザマザと目に耳にのこっております。

やがて、

「おいらん何かおみやげの代りに」

と、ふところへ手をやって小粒（こつぶ）を出す音を、小さく舌で聞かせます。前の方にいるお客にしか分りませんが巧いもので……。そこをお熊がジロリとこうみる様子なんてものは、芝居だとてありますまい。

地酒（じざけ）でこしらえた玉子酒で酔払った旅人が、

「ヒビあかぎれをかくそうため、亭主は熊の膏薬売（こうやくう）り」

と芝居がかりにいって、

「アハハハハハ」

と大きく笑うところも結構でしたし、旅人を寝間へ連れて行くあたりはじつに色っぽく、いかにも伝法（でんぽう）な二十八、九から三十がらみのおいらんらしい女が、そこに出て来ました。

お熊が酒を買いにいったあと、かえって来た亭主の伝三郎が笠をぬぐ形がまたじつによく、

「何だ酣鍋（かんなべ）で玉子酒をこしらえてくらっていやアがる。いい気なもンだ。やはり野におけれんげ草か」

とつぶやくところも無類でした。

この玉子酒の毒薬がきいて伝三郎が苦しみだす。

戻って来たお熊が、

「オイこのなかには毒が入《はい》っているのだよ」

「この阿魔《あま》ア」

と襟髪（えりがみ）をとるところから、この様子を旅人がきいている場面、全く五分のスキもなくって大入りの客が、ただもうシーンと咳《せき》ばらい一つしないできいていました。

旅人が雪をふくんで毒消しをのみ、胴巻（どうまき）を取返して逃げ出す。

「オーイ……オーイ……」

とお熊が鉄砲を持って追駈ける、全くここらはもう息《いき》もつかせません。

そして、「鰍沢の流れ、東海道岩淵へ落ち、急流は矢を突くよう、ドッという水勢（すいせい）」というところでは、ほんとうに激しい水のながれが目の前に見えて、筏（いかだ）の一本になるところも手にとるようで、おしまいにあの「おざいもく（お題目）で助かった」のサゲになるのですが、その晩、つくづく私はおもいましたネ。

この噺を十八番とする円喬師ながら、これほどの出来は、終り初物（おわりはつもの――ただ一回きり）ではなかろうか、と。

（『芸談あばらかべっそん』桂文楽、筑摩書房）

これを読んで落語はやはり芝居ができなくてはとわたしは思ったのです。それからはじめにありました、「（この人どこかでみたような女だがなあ）と考えるその目つき」。これは旅人の心持ちを文楽師匠が感じられたのでしょうが、この「心持ち」というのも落語には大事なことなのです。わたしが何も考えずに、師匠の真似を長いことやっていて、あるとき「あッ、ここのところは師匠はこういう心持ちで演ってはったんか」と気がついたことがあります。稽古ではいちいち「心持ち」なんか教えません。自分で工夫して自分のものをこしらえ、というのと、ケチな芸人根性というのですか、教えたら自分のネタが減るという考えもあるようです。これは四代目米團治師匠が「わたしがケチくさい芸人根性を持っていないから、知っていることならすべて教えてあげる」といわれたので知っていました。事実、わたしが大先輩（老齢）に聞いたら言葉を左右にしてごまかそうとしたのです。「心持ち」というのは教えてもらっても、それがすぐにできるものではありません。落語家自身の経験と工夫、勉強で心持ちというのは一人一人違うからです。が、「心持ちが大事なんですよ」ぐらいはいってやらないとと思いますが、さあ、いま、誰がそれをいえるでしょうか。「師匠」と呼ばれている人が勉強しなければならないようですね。

最後に「楽悟家」とは、わたしが楽しさを悟ったというのではなく、お客さんに「楽しさを知ってもらう者」というくらいの意味であることも付け加えておきます。

明石家さんまについて

1973年（昭和48年）3月、桜の花が開き初めのころ、わたしは京都花月に出演していました。楽屋までの小さな公園を横切って、楽屋へのコンクリートの階段に一歩のせたときのことです。背後から「モシモシ」という声がしました。振り返ると、長髪の高校生が立っていました。

「なにか用？」

「弟子にしてください」

「それはええけども、何でわたしの弟子になりたいのか？」

「あんたはセンスがあるから」

わたしはうっかり、

「ありがとう」

といって頭を下げてしまいました。初手から負けです。

これが明石家さんまとの初対面でした。わたしは舞台をおりると、

「一緒にいこか。その後でゆっくり話を聞くから」

といいました。

この頃、京都放送に出ていました。放送の仕事が終わって喫茶店で飲み慣れぬコーヒーを飲みながら彼の話を聞きましたが、残念ながら内容は忘却の彼方に去ってしまっています。

「とにかく明日から楽屋へきて他の人の舞台をみたらええ」

そういってわたしは二回目の舞台を終えると彼と別れて帰路につきました。うめだ花月に出演しているときに、彼は他の弟子さんを見習うたのでしょう、わたしが舞台からおりてくると、水の入ったコップを差し出してきました。わたしは、

「いらん、舞台をおりて水を呑まなければならない体力なら、廃業するわ」

そういいました。

彼はいつも舞台の袖に立っていました。ですが、わたしはいつも同じネタしかやりません。そんなに何度も見ていてもしょうがないので、

「それではホテルのドアボーイや。外へ出ていって、見たり聞いたりするほうが勉強になる」

といいました。楽屋での着替えはお茶子《ちゃこ》さんがいるので、彼が手伝う必要はなかったのです。

なんば花月でこんなことがありました。千日前通りの角に鰻屋がありました。

「杉本（さんまの本名）、すまんが、そこの角で半助（鰻のアタマだけ）を買うてきてくれ」

彼が出ていってだいぶ時間が経ちましたがなかなか帰ってきません。「鰻屋」はつい目と鼻の先にあるのに遅いなぁと思いました。やがて彼が帰ってきて、

「師匠、半助さんはいてはりませんでした」

「ええ?」

よく聞いてみると彼は角座の楽屋口までいって、

「半助さんはおられませんか?」

と聞き回っていたというのです。周りの人は吹き出しました。わたしの説明不足でした。

ところで、明石家さんまはわたしの弟子ですが、「笑福亭」の屋号はつけませんでした。屋号をつけてもらうとそれで満足してしまう人がいます。屋号で自分たちの勢力範囲を示しているような、まるでヤクザのような感じが以前からしていたのです。それとわたしが宝塚新芸座でテレビやラジオドラマに出ると、笑福亭君と呼ぶのはオカシイので「松ちゃん」とか「松之助係長」と呼ばれていて、屋号の不自由さを感じていました。それで彼が一度わたしのところをやめて東京へ行き、敗残の身をひきずって、わたしのところへ戻ってきたときに、わたしの本名「明石」を彼の屋号にしたのです。あともう一つは彼がタレ

ントになって、落語家ではなくなったからということもありました。「笑福亭」というのは落語家の屋号だと私は思っています。わたしは落語家五代目松鶴の最後の弟子ですので、大事に「笑福亭」をつけているのです。

Yテレビ局で「成年式を迎えた落語家」という番組がありました。司会は作家の藤本義一さんと横山やすし君でした。わたしは杉本にこういいました。

「落語家はみな嬉しがって着物をきていく。君はあの真っ赤なスーツでいったらよい」

「そんなことしたら叱られませんか?」

「その時にはわたしが出て行くから。人と同じことをしていたら、芸人は売れることがない。人と変わっているから、お客さんの目に新鮮に映るのだ。テレビに出たら君が得心するだけ喋ったらよい」

当日のテレビ放映をわたしは家でみていました。わたしの予想どおり、落語家はみな着物で出てきます。その中で杉本だけが真っ赤なスーツでした。これで勝負ありです。その後、杉本は一人で喋りまくりました。

司会の藤本さんが、

「よう喋る男やな、どこの弟子さんや?」

というと、やすし君が、

「松之助師匠とこの弟子さんです」

「そんならしょうがないな」

わたしと家内はテレビの前で杉本に声援を送っていました。

杉本がラジオ番組のレギュラーをもらいました。しばらくして杉本が浮かない表情で家に来ていいました。

「十代の少年少女の相手で疲れます。やめようと思うのですが」

「君、贅沢なことをいうな。ラジオ番組のレギュラーというのは、誰もが喉から手の出るほど欲しがってる番組や。それをやめてどうする。落語家の食べていけない状態は分かっているだろう。そんな不安をするより、一本のレギュラー番組を一所懸命やることだ」

といいました。

彼は黙って帰っていきましたが、それからその番組は人気番組になりました。

それからしばらくすると、彼はテレビ番組に出るようになりました。テレビでの彼の姿を見ながら、やはり「明石家」にしておいて良かった、そう思うことが度々ありました。

彼にわたしがいったことはただ一つ、「人と同じことをしない」ということだけです。芸人は他人と同じことをしていたのでは売れるはずはありませんからそういったのです。

彼が「出番寄席」の番組の前説に出ました。ディレクターが、わたしに、

「師匠、彼にプラスアルファがついたら、いま司会で売れている人間を追い越しますが」

しかし、プラスアルファが何なのかわたしにはわかりませんでした。

彼が東京へ行って少し売れてきました。時代劇のカラミの役をもらったとき、立ち回りで殺陣師が彼の手元をみて、「君は刀の持ち方を知っているね」といって、立ち回りの手を増やしてくれたそうです。木刀の持ち方はわたしが教えていました。オカシナ落語家です。

「男女七人秋物語」のドラマで彼が大竹しのぶと街頭のシーンで、電柱三本ほどの距離をおいて互いにみつめあいながら接近する場所がありました。そのとき彼の目が途中で動いたの見て、わたしはすぐに手紙で、

「あの所で目を動かしたのでは、芝居が嘘になってしまう」

と注意しました。

吉本の人が、彼が、

「師匠は細かいところまで見ているので油断ができない」

そういっていたと話してくれました。

わたしはいまも彼に週に一本、手紙を出していますが、それには訳があります。弟子・師匠といっても西と東に別れてしまっていては会話をすることもままなりません。弟子・

師匠というものは名前の上だけのことではない、師匠の考え方を少しでも理解してこそ、弟子と師匠であるとわたしの経験上そう思っていましたので、手紙を出すことにしたのです。

手紙は週に二本くらい出したこともあります。内容は、わたしが読んだ本で感動したことや、彼の仕事に参考になること、禅の話の手紙でした。東京へ行ってしばらく経ったころでしたか、ある週刊誌の「わたしの宝物」という欄に、彼がわたしからの手紙を「宝物」として掲げている写真が一ページを飾っていました。

それを見て、わたしは「有り難いこと（有ること難し）だ」と思いました。師弟の関係が保たれているのを感じました。

なにかの用事で奈良にある彼の家へ行ったことがありました。お父さんがわたしにこういいました。

「さんまは、いま師匠が死ねといったら、死にますよ」

それを聞いて

「こんなヤクザな師匠をそれ程までに思っていてくれるのか」

と思いました。わたしは師匠の五代目松鶴のことを思い出していました。

口数の少ない師匠でしたが、師匠とはなにか通じるものがあったように思っていたからです。

家内が骨折して入院したときも彼は見舞いにきてくれました。わたしは「お前がきて怪我が治るわけでもないから、見舞いには来なくてよい」といったのですが、彼はやってきました。病院は大騒ぎになったそうです。見舞品には「人生に骨折した男より」とカードが添えてありました。どんな時にも洒落を忘れない、彼の生き方は落語家そのものです。孫ができたときにも彼が一番喜んでくれ、

「これで明石家は八十年は大丈夫ですね」

と電話をくれました。やはり「落語」というものを気にしていてくれたのです。有り難いことだと思いました。


さんまの結婚は、テレビに出るより前に、わたしのところに電話がありました。家内は披露宴に着る留袖《とめそで》を買わねばならぬといい、わたしは靴を買いました。そして「結婚式はいつか?」と電話を入れると、「師匠が嫌がられるのでしません」と彼の返事です。留袖代が助かりましたが、靴は無駄になってしまいました。

わたしは縁というものの不思議さをしみじみと思い返していました。「当たり前のことが不思議」と池田晶子さんが『14歳からの哲学』の中に書いていますが、彼の考え方は現

代では「当たり前」ではなくなっているように思えます。

あるときわたしの気の迷いから、吉本をやめようと思って彼にそのことを伝えますと、

「やめるのはいけません。前に師匠が『あるがまま』と教えてくれたではありませんか。やめようというのは、我が計らいではありませんか」

といいました。この言葉にギャフンといわされました。「負うた子に教えられて浅瀬を渡る」というのはこのことでしょう。「あるがまま」というのは親鸞聖人の「自然法爾《じねんほうに》」ということです。こんな言葉が即座に出るくらいに、わたしの手紙を読んでいてくれたのです。教えたわたしが忘れ、教えられた彼が教えてくれる、こんな師弟はどこにもないぞ、そう思いました。


Mテレビ局で彼とわたしのフリートーク番組ができました。打ち合わせ一切なし。本番前まで雑談をしていてそのまま本番に入りました。

彼とは呼吸《イキ》が合い、楽しい番組になりました。さんまとしゃべっていて、

「あれッ？　この呼吸《イキ》と間は蝶々さんのや」

そう気がつきました。この呼吸を盗むのにいつの間にか何十年という年月が経っていました。蝶々さんが生きていたら、

独特のあの甘い声で笑われたと思います。

「松、遅いなぁ」

彼が皆様から人気をいただいているのは、彼がいつも一所懸命にやっているからでしょう。「今・ここ」を真剣に生きているのが好感を得ているのだと、わたしはそう思っています。

彼（さんま）の人気が上昇してくると、妬み半分に「お前は落語家というけれど落語ができないではないか」という投書がくるようになったと聞きました。このときわたしは十年以上も前に「新芸座」で、前にも書いた三角八重さんからいわれたことを思い出しました。

「あんたは今なにでお金をもろてるのや、落語家やというのならいますぐ役者をやめて落語家になったらええ」

彼も今はタレントとして売れてきている、落語なんかやっている時間も場所もないのだ。

わたしは彼にいいました。

「昔こんな話があったんや。今の君がちょうどそっくり当てはまるやないか。落語家の肩書きを外してタレント業に精出したらええ。今の仕事が君に向いている・向いていないではなく、今を精一杯生きるということが大切や」

わたしがそういうと彼は顔を上げて、

「師匠がそういわれるのなら落語家を辞めます」

そうきっぱりといったのです。わたしはホッとしました。周りをみると才能のないのに、それに気がつかずに仕事をしている人が多いのです。徒《いたずら》に年を重ねるだけで落語は上達するものではありません。お客さんの前で何百回としゃべって、工夫していってこそ習熟もするのです。ですがそんな機会はいまの時代には求めても無理なのです。また、他人様の子弟を預かって間違った道（落語家そのものが間違っているのだが）で失敗はさせたくない、そんな思いが強かったのです。

「向き・不向き」ということについてこんな話もあります。

夜の十時すぎに肛門周囲炎で患部が腫れてきました。かかりつけのO医院の先生の紹介で、K医院で緊急の手当をしてもらったのですが、そのときにK先生が、

「Oは医師になったらいかん人間や」

そういったのです。続けて、

「君達の世界でもいえるだろう。なれる人間、なれない人間、なったらいかん人間があるということは」

と教えられました。

気の優しいO先生の医院の表には内科と並んだ外科の文字が消されていました。K先生の言葉を聞いて、外科の文字が消されている意味がわかりました。おそらく外科には向いていなかったということなのでしょう。この話を思い出したのです。彼が落語家になって100％成功するとは断言できません。それよりも今、順調に伸びている仕事に励むことが大切だと思ったのです。

それからしばらくしてうめだ花月で「東西落語会」がありました。彼も出番を割られていましたが、その日に「落語家廃業の宣言をします」といいました。当日わたしはうめだ花月のミキサー室に入りました。彼が出てきます。なんと、落語会なのにタキシード姿で、立ったまま客席に、

「わたくし明石家さんまは今日かぎり落語家をやめます。今後タレントに専念いたしますので、よろしくお願いいたします」

心中の決意を秘めたように深々と頭を下げたのです。客席からは好意の拍手が彼におくられました。わたしは彼の度胸のよさに内心おどろいていました。

「たいした男だ」と。

彼とわたしの結びつきは、外から見ると特殊な弟子・師匠に見えるようですが、そんな

に変わった弟子と師匠だとは思っていません。彼はタレント、わたしは楽悟家というだけのことです。

彼は高校時代クラスの人気者だったそうです。テレビのお笑い番組も必ずみていて、誰が画面に出てきても「勝った、勝った」と思っていたようですが、わたしが「テレビ・アラカルト」というネタでウルトラマンの被っている仮面を、「砂糖壺のようなもの」と表現していたのを聞いて「参った」と思ったそうです。「砂糖壺」で降参するとは甘い考えですが、人間同士の縁というものはどこに潜んでいるのかは知ることはできません。

落語の「宿替え」の中で、嫁さんとの慣れ初《そ》めを話す頭に「縁いうのは不思議なもので」と繰り返しいいますが、たとえば北海道の人と九州の人が結ばれるというのはその人達の意志で結ばれたのではなく、なにかの力が働いたのだとわたしは思っています。

不思議ということで思い出しましたが、山田無文老師の『碧巌《へきがん》物語』の中に「百丈大雄峰《ひゃくじょうだいゆうほう》」というのがあります。この百丈禅師というのは、「一日作《な》さざれば一日喰《く》らわず」といった方です。この百丈禅師のところへある日、一人の僧が訪ねてきて、「如何なるか是れ奇特の事（なにがギリギリ一番不思議なことですか）」と尋ねますと、百丈禅師は「独坐大雄峰（わたしがここにこうして座っていることさ）」と答えたのです。これを読んだ時にわたしの心の奥に響くものがありました。不思議な存在と不思議な存在の出会い、ホントウに「不思議な縁」としかいいようがありません。

彼がわたしの家にいた時は、わたしが仕事に出るとすぐに寝ていたそうです。それを聞いていたわたしは、忘れ物を取りに帰るときは、家の近くにくると大声で歌を歌ったものです。彼がびっくりして跳び起きないように、静かに起きることのできるように時間をとったのです。

彼は盆暮れに品物を送ってくれますが、高価なものばかりで、わたしの家には似合わないような物ばかりでしたので、「うちは瀬戸物屋やないで」といったら「あれは高い物ですのに」といいます。それでもわたしは「高いか知らんが、使えなかったら無価値なものにしか過ぎない」と憎まれ口を叩くのですが、その頃のわたしは彼の行動をまだ素直に受け取れるようにはなっていなかったのです。わたしは冠動脈を手術したことも、白内障の手術をしたことも彼に知らせていません。元気で過ごしているのですから、知らせる必要はないと思ったからです。

彼の仕事ぶりを見ていますと、「即時即今」です。精一杯に笑いに取り組んでいるのがわかります。わたしのように気分で手を抜いたりはしません。もともとは喋りなのです。こんな話をテレビ局の人に聞きました、「局の中で彼が部屋を間違えて顔を出しましたが、そこで一時間しゃべって出て行った」というのです。彼の番組でわたしが東京の局へ行きましたら、スタッフが「まだやってますわ、四十五分の番組ですが、もう一時間を過ぎてます。まだまだ終わりそうにはありません」と。

好きなことだから打ち込める、好きなことだから楽しんでやっておれる。これが彼に人気のある原点ではないかと思っています。

わたしは彼に出す手紙には、自分の考えは書きません。なぜかというと、『荘子』にこんな話があります。

ある日、荘子が友人と橋の上を歩いていて、友人にこう言いました。

「君見たまえ、魚も楽しんで泳いでいるではないか」

と友人は、

「君は魚じゃないんだから、魚が楽しんで泳いでいるかどうか、わかるはずかないじゃないか」

と言ったのです。すると荘子は、

「君は僕じゃないんだから、僕が魚が楽しんでいるのがわからないと、わかるはずはないじゃないか」

と答えました。

人は皆それぞれ考え方の違いがあって、生きているのだということを知りました。これがわからないうちは、人も皆同じ考えだと思っていましたから、なぜ、わたしのいうことがわからないのだと思ったりしたこともあります。これがわかってからは、人様に自分の考えを押しつけることはなくなりました。もちろん聞かれればそれに答えることはしますが、わたしの考えが相手に通じるかどうかは不明なのです。

だから、さんまにもわたしは参考文献を書き写したものをそのまま送るようにしていました。つまり「人間が一億人いれば、一億の考え方がある」ということです。自分の意見を通そうとするとそこに争いが起こるのです。もちろん、親子でも意見は違います。ですから、わたしはなるだけ倅達には口出ししないようにしていますが、なぜかあべこべに倅の話を素直に聞くという姿勢をとるようになりました。

さんまは倅にいったそうです。

「自分が歳をとったら、師匠の家しか帰るところはない」

こんな人間は現代には珍しいと思います。「帰るところはここしかない」、これは仏法です。また一つ彼に教えられました。

最近になって酒を少し呑めるようになった彼が、冗談交じりにわたしにこういいました。

「師匠、酒を呑んだらどうです、陽気になりますよ」

「いや、いまはもう酒を呑まなくても十分に陽気になれるし、いまも陽気でいてる」

酒の力で陽気にならなくても、「生かされている」と知ったら陽気です。

西遊記で、孫悟空が空を飛んで地球の果てまでやってきたと思い、傍らの柱に「斉天大聖到至一游」と書いてお釈迦様の下へ帰ってくると、お釈迦様の手の指に、孫悟空の書いた文字があったという話はご存じだと思いますが、大自然の懐に抱かれて「生かされている」と知ったら、力一杯に生きることができるのだと思っています。


彼の後にも、弟子入り希望者がたくさん来ましたが、すべて断るようにしています。

こんな人もきました。落語会が毎日あるから、出演料が一日一万円としたら月に三十万円の稼ぎになると、それで嫁さんも仕事をやめてしまったというのです。なんと無謀なことでしょうか。そして芸のことには関心がないというのですから、もう救いようがありません。

うちに一年通った人間がおりましたが、さて稽古をしてみると訥弁でしゃべれなかったので、謝ってやめてもらったこともあります。

わたしのところへ来たら「さんま」になれると思っている人が多いのです。それならわたしが「さんま」になっているはずですのに。

富士山に感動

1986年（昭和61年）5月6日、テレビ番組の「ナイト・イン・ナイト」にレギュラーとして出ることになりました。その番組のオープニングに「センチメートルジャーニー」という企画がありました。大阪近郊の知られているところ、または知られているようで案外知られていないところを、三分の映像で流すというもので、これを依頼されました。

わたしの相手はまったくの素人の女性四人でした。仕事は下請けの東通企画です。台本を読んでみましたが、まじめなものでお笑いがありませんでした。わたしは現場でディレクターと相談して、お笑いをとることに努めました。

大阪近郊にネタがなくなりました。そこで「センチメートル」の枠を越えて「キロメートルジャーニー」として遠方まで足を伸ばすようになりました。

この企画で訪れた中で、一番印象に残っているというより、わたしに生まれて初めての感動を与えてくれた場所があります。それは富士山の四合目でのことでした。マイクロバスをその地点で止めた運転手が、

「ここからが富士山頂までが一番きれいに見えるところです」

といったのです。わたしは山頂を眺めようとふと目を左手に動かしました。とそこに富士山の稜線が見えました。その素晴らしさに、胸に一トン爆弾を落とされたような感動を覚えたのです。もうその場所からは動きたくありませんでした。スタッフが声をかけてきましたが「ちょっと待って」といってそのままずっと見つめていました。画家や写真家が富士山の近くに住所を移す、その気持ちがわかったように思えました。この感動がなければ絵や写真を、描いたり撮ったりはできないのだ。わたしはこの感動をすぐに杉本（さんま）に手紙で伝えました。彼もなにかに感動してくれるように願って。

それ以後、東京へいくときに富士山が見えると、初恋の人に出会ったように胸がときめくようになりました。

阪神・淡路大震災

1995年（平成7年）1月17日午前5時46分、未曾有の大惨事が起きました。死者5300人、避難者32万人。阪神大震災に兵庫県南部が襲われたのです。

ゴーッという地鳴りとともに激しい上下動がしました。布団の上に積んであった文庫本が雪崩のように散らばります。わたしは布団を被って「ああ、俺の人生もこれで終わりか」と思いました。空襲に二度遭い、死には慣れているものの、こんなものに慣れはありません。あとは家が倒れて梁《はり》が落ちてくるのを待つだけの状態でした。揺れが収まると下から家内が「お父さん大丈夫」という声がしましたので降りてゆくと、食器入れが倒れて瀬戸物は割れて散乱していました。まあ命だけは助かったようなので一安心しました。わたしの家は屋根瓦が全部落ちて、室内の壁も表面がほとんどはがれましたが、全体の被害はそれほどおおきなものではありませんでした。

しかし、阪神大震災では大事な人を失いました。宝塚新芸座当時から仲良くしていた、宝塚バウホールの支配人の細川君が梁の下敷きになって亡くなったというのです。宝塚関係でただ一人の死者ということで、悲しみは倍になりました。早速、新芸座の元理事長に知らせにいかねばと、自転車で阪急の岡本駅の近くまで走っていきました。国道二号線はさながら民族の大移動の様相を呈していました。なんとか理事長宅に着き、報告をすると理事長は倒れかかりました。それから歌劇団へも知らさねばと思って、自転車を宝塚に向けて漕ぎました。大きなマンションが傾いており、ペシャンコになった民家があり、切れた電線があちらこちらで垂れ下がっています。わたしはこの世の「無常」というものを改めて知った思いがしました。

幸い武庫川《むこがわ》を尼崎へ渡ったところは被害がありませんでした。食料品店も開いており風呂屋も営業していました。水道もチョロチョロではありますが出ています。わたしの頭の中ではこの光景が1945年（昭和20年）の神戸大空襲と重なっていました。ですが、決定的に違うこともありました。地震は天災であるが、空襲は人災なのです。避けようと思えば避けられたのだと。いや、これは繰り言になります。過去は戻ってこないのだから何もいう必要はないのです。

ある老師の本に書いてあったことを思い出しました。「災害で何百人の死者が出たというが、死ぬのは一人」という言葉です。何百人にいようが「わたし」は一人で死ぬのです。同時に内山老師がいつも「オレはオレを生きる」といわれていたことも思い出しました。

さんまから電話がありました。三十分以上電話をかけ続けてやっと繋がりましたといっていましたが、有り難いことだと思いました。

家の壁が全部落ちていましたが、わたしが全部塗り替えました。これも父親の仕事を見ていたからできたことです。

なんでもそうなのでしょうが、地震があってから地震帯というのがわかるのです。科学のすすんだ世の中でも大自然の働きは予測できません。「神はなにごともなしあたう」、これも内山老師がいわれていたことです。人間なんて地球の苔《こけ》だともいわれましたが、その苔が毎日幸福を求めて右往左往しているのは滑稽に見えませんか。

関牧翁《せきぼくおう》『男子百勝』という本の中に、こんな話があります。

太田道灌が上杉定正のために、浴室で殺されようとする時、その刺客の一人が、「あなたは平生、禅に参じかつ和歌をたしなむという。いまこの時如何」というと、道灌は言下に、

昨日まで莫妄想を入れ置きし
へむなし袋けふ破れけり

とうたっている。へむなし袋は縁なしの袋、役に立たないの意味である。

（『男子百勝』関牧翁、毎日新聞社）

地震ひとつとってみても、人は「生かされて生きている存在」ということがよくわかります。

「ニュースステーション」のコメンテーター

1996年、七十才のときにテレビ朝日の「ニュースステーション」から出演の依頼がありました。週1回、毎週金曜日の出演です。報道番組というものにはいままで出演したことがありません。いかなわたしも簡単に返事ができず、いろいろ考えてみましたが結論が出ません。仕方がないので、つい先日に電話口で相手の態度に腹を立てて「もう会社（吉本）の仕事なんかいらんわい」と啖呵を切った課長のところへ相談に行くことにしました。

課長曰く、

「賢いことをいう人はいっぱいいいてるから、座って黙ってなはれ」

わたしも内心ではそれしかないと思っていたので、これは心強い助言でした。

司会者の久米宏さんに会いました。久米さんは、

「着物姿で出演してほしい」

といいました。しかし、そう沢山舞台衣装を持っているわけはありません。いろいろ組み合わせて九カ月間三十六回をなんとか凌ぎました。この番組では夏の帰省ラッシュの取材として東北自動車道のサービスエリアに行きました。

久米さんがスタジオから、

「駐車場に車はどのくらい停車していますか？」

とたずねてきました。わたしが返事に困っていると、ディレクターが四十五台といったので、

「四十五台止まっています」

と答えると、

「ああ、そうですか分かりました。ところで松之助さん、その暗いのにどうして四十五台と分かったのですか」

ムムム、予期せぬ質問にわたしは答えに詰まってしまいました。

「ディレクターがそういえといったのです」

半ば自棄糞にそういいました。これにはスタジオは爆笑だったそうです。

また、子供にインタビューをするという企画では、はじめてのことで質問することがなくなってしまい、困った挙句に、

「もうええ、あっちぃ行け」

といってしまったこともあります。これもスタジオで爆笑を呼びました。

後で久米さんが、

「あんなことは東京の落語家さんではいえませんよ」

といいましたが、褒められたのか貶されたのかはわかりません。

取材ではロシアにも行きました。次男がオムスクのバレエ団に在籍していたときのことです。

モスクワからはシベリア鉄道に乗っての移動です。駅員もいないし乗車するときに女車掌が切符を見るだけでした。車内検札という不愉快なものもありません。架線の支柱は木材で、補修も簡単にできると思いました。

エカテリンブルグ駅で降りると、雪が道路の両側に積み上げてあり、道には氷が張っていました。その雪道を車が横滑りしながら猛スピードで走るのです。これはヒヤヒヤものでした。

その晩は民家に泊まらせてもらい、お礼に落語「くっしゃみ講釈」をやりました。通訳に「恋の意趣返しの話でクッシャミをする顔が面白い」と前置きをしてもらっていました。その効果はてきめんで爆笑でした。

翌日、オムスクの街で次男と会いました。彼と青空市場へ出かけたら、彼は市場の人気者だったのに驚きました。もちろん、次男はロシア語がペラペラです。小さな会場でわたしが話をするのを倅が通訳して笑いをとっている姿には羨ましさを覚えました。夜はバレエを観劇しました。

モスクワでは赤の広場に行きましたが、なんとなく不気味に思えたものです。モスクワサーカスも見せてもらいました。幕開きはアイススケートの乱舞です。それが終わると天井から網が降りてきて、美女の演技がはじまりました。それに見とれているうちに、地上の芸になったのですが、驚いたことにさっきまでスケートリンクだったところが、土に変わっていました。

ロシアでは飛行場へいく道路は飛行機が発着できるほどの広さにしてあるということでした。道では歩道の氷を割っている人がいました。その仕事で一日は食べていけるのだそうです。市電（?）も次から次へと来るので、電車を待つ人は急いでいる様子はありませんでした。この市電はくるくる回っているので（環状線?）、方向転換の必要はなく誰にでも運転ができそうでした。

ロサンゼルスにも取材に行きました。水泳の元オリンピック選手、千葉すずさんを訪ねていったのです。千葉さんには事前にわたしの泳ぎを見せていたようです。会うと、千葉さんは「基礎ができていたので、この仕事を引き受けた」といっていました。

プールへ入ると、千葉さんの体がぐっと大きく見えました。「わたしも舞台へ上がると大きくみえます」というと、千葉さんは屈託のない笑顔で「嘘々」とあっさり否定してきました。大師匠も値打ちのないこと。

泳ぎについては、右手が頭の中心に寄りぎみだと指摘されました。ロスでは全米のマスターズ大会で一位の人と泳ぎましたが、負けてしまいました。「ターンの失敗がなければ勝っていたのに」といって悔しがる千葉さんを見て、さすがに勝負師だなあと思いました。

帰国後、千葉さんから便りが届きました。「師匠の焼いたお好み焼きを食べにいきます」とありましたが、いまだ実現してしまいません。いや、実現しないほうがいいのでしょう。もし千葉さんが家に現れたら、近所は大騒ぎになってしまいますから。

短編映画の監督に挑戦

2007年に吉本興業で「100人が映画撮りました」という、自社タレントに短編映画の監督をさせるという企画がありました。映画のシナリオを書くことは初めての経験でしたが、一度は書いてみたいと思っていたのでふたつ返事で引き受けました。

シナリオはかつて新喜劇でやったものにしたいと思いました。夜逃げをする友人から子供を預かって育てている家の話です。しかしここで一つの難題に突き当たってしまいました。子供の戸籍のことです。友人が事業に失敗して夜逃げをする時に、子供を預かるという内容なのですが、子供の籍はどうなっているのかということが引っ掛かりました。ここのところがどうしても嘘になるので、シナリオを書く手が一向に進まなくなってしまいました。

いよいよ匙を投げかけたとき、マネージャーが「身近なことを書いたら」とアドバイスしてくれました。わたしはそれは書きやすいかもしれないと思って、次のストーリーを考えたのです。落語家の所へ弟子入りに来たのが、別れた自分の娘の子、つまり自分の孫だったという設定にしました、そうするとストーリーはすらすらと出てきました。

シナリオが完成していざ撮影のスタートです。俳優は会社のタレントを使うという規定だったので一抹の不安を感じていましたが、心配は無用でした。皆がそれぞれ力を出してくれたのです。主演の落語家にはオール阪神君をあてました。彼が漫才師になるまえに一度落語家になっていたのを知っていたので、彼なら落語がやれるだろうと思ったからです。オール阪神には映画の中で「明礬丁稚《みょうばんでっち》」を一席やってもらいましたが、昔とった杵づかでしっかりしたものでした。

クランクインは淀川の河川敷から始まりました。スタッフの人達に助けられながら新米の映画監督の誕生です。

撮影日数は三日でしたが、わたしの年齢を考慮して、わたしには四日の日数を与えられていました。映画のことは少しですが知識がありましたので、俳優になったタレントにも注文をつけることもできました。

それでも監督としてのわたしは最初は「ヨーイ、スタート」も上手くいえなかったのですから、この映画が完成したのは周りのスタッフの協力があってこそです。

ラストシーンもなんばグランド花月の表の雑踏があって、オール阪神が昨日までの辛い気持ちも忘れて舞台で「明礬丁稚」を喋っているところで終わりになりますが、最初のシナリオでは誰が主役か分からないというスタッフの意見があり、オール阪神をラストに持ってきました。これで主役がはっきりしました。流石にスタッフはプロです。映画が好評だったのか不評だったのかはわかりませんが、わからない方がわたしにとっては幸いでした。

東京で映画の試写会がありました。その時に『学校の怪談4』の監督平山秀幸さんが見に来てくれて、映画の終わった後楽屋へ来て、
「映画の基本は全て覚えていますね、わたしがシナリオの書き方を習いたいですな」
といいました。シナリオも形になっていたのでしょう、監督にそういわれて嬉しかったのを覚えています。

平山監督には映画『やじきた道中てれすこ』にも出させてもらい、淡路恵子さんと一緒しました。淡路さんは煙草を片時も離しませんでしたが、煙草の吸い方の奇麗なことといったらありませんでした。映画『三等重役』のクラブのママそのままで、この人は演技が日常生活にまでしみ込んでいるのだなぁ、やはりお客さんに見てもらうという意識で演技を研究されているのだなぁと思いました。

ところで、この短編映画には家内の名前が監督補で出ているのですが、それから家内が日常生活についても監督補気取りで口だしするようになったのには困りました。

病気――活かされて生きる

四十歳くらいから、胃炎以外の異変が体に現れるようになりました。

そのひとつが、恐怖心というのか、当時通っていた京都花月へ向かう電車に乗っていると、自分が窓から飛び出して粉々になる幻想を抱いてしまうことでした。不安で椅子席をぐっと握りしめると額から冷や汗が流れ出てきます。梅田駅から電車に乗ってすぐに気分が悪くなることが頻繁に起こるようになりました。そんなときはすぐに電車を降りてコーヒー牛乳を飲むと落ち着くのですが。

劇場でも同じようなことがありました。舞台の袖へ行くとお客さんが怖くて足が震えるのですが、高座に座るとそれが収まってしまうのです。こんなことが毎日続きました。神経科の医院へ行くと、医師はわたしの手を握って、

「油手《あぶらで》ですね、こういう人は神経質なのです」

と漢方薬を調合してくれました。しかし、薬を飲んでも一向に治る気配がありません。当時、京都花月の文芸部で「喜さん」と呼ばれていた頼りない台本作家にたまたまこの話をすると、

「わたしも時々そんなことがあります」

といいました。

「こんな奴と同じ病気になるなんて、そんなアホらしいことがあるか」

不思議なことにそう思った途端に病気は消えてしまったのです。新喜劇のメンバーにも、

「電車に飛び込みたくなる時がある」

と同じような症状を持っている人がいると聞きました。

人は自分だけがこんな病気になったと思い、その寂しさを悩むものです。他の人も同じ病気で悩んでいるのだ、そう思うと気が軽くなることを知りました。


仏法はなかなか実行できませんが、断酒は簡単に実行できます。

ある時期、胸やけがして、起き上がって胸をさすらねば我慢できない夜が続くようになりました。医師にそれを伝えると胃カメラ検査をすすめられました。初めての胃カメラは、これまた新米の技師に担当され、ピアノ線でかき回されるような感じで思わず、「痛いッ」と声を上げてしまいました。終わってから「すみませんでした」と技師は謝ってきましたが、担当医にそのことをいうと、「若いときにはよくやるものです」となんとも無責任な返事がかえってきました。

結果は「胃が年齢で薄くなってきているので肥厚性胃炎ともいえるし、委縮性胃炎ともいえる」というものでした。

「試しに上半身を起こして寝てみなさい」といわれたので、リサイクルショップでベッドを購入して、背もたれにもたれると、ポキンと音がしてリクライニングの歯が壊れました。

これは購入してからまだ日が浅かったので無料で交換してくれましたが、なぜか次のベッドの歯も壊れてしまいました。仕方がないので木材を支えにして使いましたが、狭いわが家にとってなんとその嵩高いこと。しかし、いわれたとおりにしてみても胸やけは一向に治まりません。夜中に冷やご飯を口にしてしばらくすると胸やけは治まりましたが、熟睡することができない日々が続きました。

それに不整脈が見られました。医師は「大動脈弁閉鎖不全」だといっただけで、それに対してなにがしかの処置もとろうとしませんでした。

胸やけについても「これは逆流性胃炎かもしれぬ」といい、ついは「後は神様に任せるよりは仕方ありませんな」と、こうです。神様に任せるくらいなら医院へ来る必要がないではありませんか。そう思って、以前診察に行った神経科の医院へ行きましたら、先生が息子の代に替わっていました。

ここでも胃炎の薬を出してくれましたが、夜の胸やけは一向に治まりません。やれ風邪だ、やれ喉が涸れる、足に浮腫《むく》みがでるというと、今度は「甲状腺かもしれぬ」といって薬を出してきます。しかし、薬の数はどんどん増えましたが、胃炎の方も足の浮腫みも相変わらずの状態が続きました。

この神経科の紹介で別の医院へ胃カメラ検査を受けに行きました。診断の結果は「胃の壁は確かに薄くなっていますが、逆流性胃炎ではありません」ということでした。自分で自分の体の中を見ることはできませんが、逆流性胃炎の写真を見せてもらいながら、胃カメラを通して、症例写真のような状態にはなっていないということはわかりました。

この医師はわたしの職業を知っていていろいろ融通してくれるので、先の医師から変更することにしました。

「よろしいですかね、そんなことをして先の先生が気を悪くしませんか」

なにか医者も患者の取り合いをしているようなことをいいます。「よろしいですよ」とわたしはいって、この新しい医師にかかりましたが、胃の痛みは治まりません。いろいろ手を尽くしてくれているのはわかるのですが、胃の奴がその努力をわかってくれないのです。そのうちに、朝医院で診察してもらって家に帰ってくると、また胃が痛むようになりました。電話をすると、もう一度薬を飲んでください、というので飲みましたが治まりませんので再度医院へ駆け込みました。

そのときはなにかドロリとした水飴のようなものを飲まされて、少しは落ち着きましたが、「これは神経からきているのかも知れない」といわれてカードでテストをしました。すると「軽い老人性鬱ではないでしょうか、神経科で受診されてはいかがでしょうか」といわれました。

わたしは勝手に神経科の医院へ行きました。

するとそこの先生はいきなり、

「そんなことをいってドクターショッピングをしてるのやろ」

と声を荒げました。朝に夫婦喧嘩でもしたのかと思いました。血圧を測っただけで、高齢者保険証を出しているのに、それを無視して診察料を二千円とられた。よっぽど西宮医師会に告げてやろうかと思いましたが、こちらの稼業を考えて控えました。先の医師にこの話をすると、

「あの先生ならそれくらいのことはいうでしょう」

と笑っていました。

「神経科の医院を紹介しましょう。きつい薬を飲まされますよ」

そういわれたのが土曜日でした。

その翌日（日曜日）に胸の閊《つか》えがひどくなったので、家内が骨折したときにお世話にな

った救急病院に行きました。ところが、ここの医師もCT画像を目の前のガラス板に挟んで、「どこも変わったところはありません、辛抱してもらわな」というのです。

辛抱できるくらいならこんな遠いところまで来るかい、そう反発を感じたときに、医師専用の通路を通ったのが、この病院の副院長でした。彼は家内が入院中に明石家さんまがわざわざ見舞いに来てくれたときに、さんまと写真を撮っていた医師でした。「あッ、S先生や」と家内にいった声が通路にいた先生にも聞こえたのでしょう、「ああ、明石さん、どうしたんですか」と聞きにきてくれました。世間話になり、わたしは、

「孫が出来るというのに、少しも嬉しくないのです」

というと、

「それは鬱や、四、五日入院したら治るわ」

と有無をいわさずそのまま入院となりました。

ここの神経科では「典型的な自律神経失調症」と診断されました。ちなみに、これが齢八十にして初めての入院経験でありました。

自律神経失調症という病名にたどりつくまでに、なんとその時間の長かったこと。おまけに、わたしの「自律神経失調症」はおそらく先天性のもので、子供の頃から症状が出ていたのではと診断されました。長い長い時間を経ての判明だったのです。

S先生の専門は外科医でしたが、自分が入院させた責任を感じてか、よく病室へ見舞いに来てくれました。

「あの時に先生に会ったから良かったのです、有難うございます」

そういうと、S先生はこう答えました。

「そんな風にいってもらえるとわたしが今まで医者を続けてきたのは、明石さんのためだったように思う」

わたしはこの言葉を聞いて、親鸞聖人の「歎異抄」の一節を思い出しました。

弥陀《みだ》の五劫思惟《ごこうしゆい》の願をよくよく案ずればひとえに親鸞一人《いちにん》がためなりけり

退院が近くなった日に、心臓検査（カテーテル）をするというので、誓約書なるものを書かせられました。読んでみると「一万人に一人が死亡するというデーターがあります」と書いてありました。担当医は「辛抱してもらわな」といった医師です。もし一万人のうちの一人になった時、

「辛抱してもらわなしようがないですなぁ」

といわれたら永遠に辛抱しなければならないがな、そんな気がしたので検査は断りまし

た。

入院は二週間で終わりましたが、体全体の力が抜けたようで普通に歩くこともできません。手も震えて素麺すら口に運べませんし、食欲もありませんでした。ところが、大和の置き薬屋が薬の名前の一種を指摘して「こんな薬を飲んでたら死んでしまいますで」と教えてくれたので、それを止めるとすぐに回復しました。

神経の薬は、強いものが多いようで、体との相性で大きな副作用があることを身をもって知りました。入院した病院は遠方でしたので、近くの神経科の医院を紹介してもらって、そこで薬をもらうことにしました。

一方で、胃の調子は相変わらず悪い状態が続いていました。そこで漢方専門で神経科の医院を紹介してもらうことにしました。

胸苦しさもありました。大学病院で診察してもらうと、冠動脈の血管が少し詰まっているということで、冠動脈にネットを入れる手術をすすめられました。

手術もこの歳にして初めての体験です。手術中何が起こっても責任は問わないという旨の同意書にサインを求められました。わたしは最初、こんなものに同意しなければ生きられないのなら自然に痛む体と一緒に寿命を全うしようと思いました。

周りに、サインは慣例なのでそんな意固地なことはいわずに治療すべきと説得され、不本意ながら同意することにしました。

いま二本の冠動脈にネットが入っています。手術といっても、全身麻酔もせず、横になっているだけで心臓にネットを通すのです。太ももの付け根から器具を挿入していくと、その様子がモニターに映されているのですが、何倍かに拡大された血管の中を釣り針のようなものが進んでいきます。よくまあ道筋を間違いなく進んでいくものだと不思議に思いました。

手術は三十分ほどで終わりましたが、その後が大変でした。明日の朝まで体を動かしてはいけない、直立不動の姿勢で寝てくださいというのです。それだけでも体の自由を奪われて不便なのに、さらに困ったのはトイレでした。ベッドで体を水平にしたままそーっと体を九十度回して、ベッドの枠をもってそのまま立ち上がるのです。点滴器を握ってトイレに行き、用を足してベッドの横に戻ると、立つときの逆で体を垂直から水平に戻すのですが、これがまた大変でした。

一週間後に二回目の手術をしましたが、この時は手首から器具を入れたので手術の後は楽でした。冠動脈は三本ありますが、残りの一本はたいしたことはないから手術の必要はないということになりました。

この手術の費用が百万円を超えているのを、保険組合からの通知で知って驚きました。わたしが払ったのは十万円足らずです。これは健康保険を支払っている若い人達のおかげです。お陰でそのあとはどこにも異常はなく、医院には通っていますが元気で過ごさせてもらっています。若い人達に感謝の気持ちが初めて湧いてきました。

このところ手術づいており、先日、白内障の手術もしました。これまで白霞んでしか見えてなかったものが、はっきり見えるようになりました。家内の化粧のノリが日々わかるのです。この後、乱視の手術はまた別の日にということになっています。

それにしても現代医学の進歩にはただただ驚くばかりです。

MRIでしたか、脳波の検査をしてもらったときのことです。酒をやめて三十年になるので「酒は呑みません」と問診票に書き入れたのですが、医師は「昔は随分酒を呑んでいましたね」と脳の一部を指していったのです。

いま、脳波の検査を半年に一回受けています。直腸の腫瘍の検査は一年に一回。薬は朝が八錠と粉薬に煎じ薬、昼が二錠プラス置き薬を二錠、夜は十錠プラス朝と同じ粉薬と煎じ薬、寝る前には二錠……、こうなるともはや食事と同じです。

病気の本もよく買いますが、いろいろ述べたあとで必ず「専門医の診察を受けてくださ い」と書いてあります。テレビで放映される医療番組に出演する医師も、必ず「専門医の診察を受けてください」といっています。ですので、わたしは自分で納得できるまで医者探し（ドクターショッピング）に励んでいます。「生かされている」この体ですから、大切に扱わねばと思うからです。

わたしの仕事は、定年もない代わりに、仕事の保証はありません。「笑い」をとれなくなれば会社からのお呼びもかからなくなります。派遣社員の人よりももっと儚い仕事なのですが、本性が怠け者なので続けられたのです。

本当に罰の当たる仕事です。一日に三十分座って口を動かしてその日を過ごさせていただいているのですから。時々「有難いなぁ、罰が当たるわ」と漏らしますと、バレエダンサーの次男が「もう当たっているのに、気がつかないだけだ」といいます。

「病は気から」といいますが、やはり病気にはそれぞれの原因があるのですから、わたしのように納得するまで医師を替えてみるのも必要だと思います。おまけに、病院へ行くと後期高齢者が多いのです。その人達を見ると、病気は自分一人だけではないのだと思います。高齢になったら体に不自由がでてくるのは当然のことです。それから逃れようとするから、悩んだり悲観したりすることになります。

お釈迦様は「この世は苦なり」といっています。

「この世は苦だと思えば、逃げ隠れしてもはじまりません」

大自然の力に任せるより仕方ありません。このごろやっとそんなことを思えるようになりました。「人間が生きる」のも大自然の力です。自分が生きていると思うから思いあがった行動をとることがあるのだと思います。

「即時即今」

いま此処《ここ》、生かされている命を一所懸命に生きるだけ、ただそれだけです。酒をやめるのも、これから先何年も、と思うからやめられないのです。いま、この一瞬だけ酒をやめようと思えば気が楽になります。一瞬一瞬の人生です。生きることにどんな意味があるのか、そんなことは大自然に任せて、落語でも聞いて楽しく過ごした方がいいのではありませんか。草や木は大自然に任せて生きています、鳥や獣も大自然の力のままに生きています。自分の考えで生きているのではありません。

それでもわたしもやはり人間です。悩む時や苦しむ時があります。その時、親鸞聖人の、

「とても地獄は一定すみかぞかし」

という言葉を思い出しています。ここが地獄だと思えば地獄を勤めあげなければならないのです。

偉そうにしていても、人間は太陽や空気がなければ生きられません。心臓の動きも脳の

指示で動いているのではありません。夜寝ている時も呼吸をしているこの不思議、こんなことを思うと、金や名誉や権力を求めて走り回るのがバカバカしいことだと思うのです。

わたしは遺言などはしません。守ってくれるのかどうか死んでしまったわたしにはわからないのですから。もし守ってくれなくても、化けて出て文句をつけることもできません。だから墓も必要ないと思っています。石に花を供え、石に水をかけて何になりますか。明石家の墓はありませんが、父親も母親もいつもわたしの心の中に住んでいます。わざわざ満員の列車や飛行機に乗って会いに行かなくても、会いたい時にはいつでも会えるのです。心のスイッチを切り替えると両親や友人がすぐわたしの傍らに来てくれます。高いお金を出してこしらえた墓石も、月日が経てば「無縁仏」として傍らの溝に投げ入れてあるのを見ています。

いま、わたしは「活かされて生きている存在」と自覚して毎日を過ごさせていただいております。

芸能生活六十周年

２００８年に吉本興業が「芸能生活六十周年・よしもとの天然記念物保護の会」というタイトルでイベントを催してくれました。その時のメンバーです。

林家染丸一門
今いくよ・くるよ
オール阪神
コメディＮＯ．１
末成由美
月亭八方
桂きん枝
中田カウス・ボタン
明石家さんま
（順不同）

客席はお客さんで溢れていました。

まず幕開きに、染丸門下の「かっぽれ」です。その次に所作台が出されて染丸君の司会で明石家一門（わたしと明石家のんき、明石家さんま）の口上になり、カウス・ボタンから花束を贈られました。次にオール阪神君が落語「明礬丁稚」をやり、続いてわたしが「三十石夢の通い路」。保護の会メンバー全員のフリートークがあって、きん枝君が三味線を弾いて月亭八方君の長唄となったのですが、三味線も長唄も上手くいきません。ですが、これもまたご愛嬌となってお客さんに楽しんでもらえたと思っています。最後はわたしとさんまのフリートークです。彼が話題を次々と引き出してくれるので、わたしのボケも楽でした。

幕が下りる前に孫の明石家ぽんたがさんまに手をひかれて出てきました。さんまが言葉を誘導しましたが黙っていますので、わたしは思わず離れたところから「こらッ」と怒鳴ってしまいました、さんまは「なにが『こらッ』ですねん、まだ一歳と十カ月ですで」といってきました。わたしは、舞台はちゃんとやるもので年齢なんかは関係ない、と思ってうっかり「こらッ」と言ってしまったのです。

孫がようやく客席に向かって「おはようございます」と頭をさげました。客席からは爆笑と拍手が沸き起こりました。この楽しさを孫が覚えてくれたらと、わたしは思いました。孫は客席に向かって手を振りました。これにも爆笑と拍手が起こりました。わたしは孫を抱きとって頬ずりしました。

そうしてこう思ったのです。孫が大きくなって「僕は一年八カ月でなんばグランド花月の舞台を踏んで爆笑を取った」と。誇りに思うだろう。そんな孫をいま自分の手の中に抱いていると思うと嬉しさで一杯でした。

親戚が孫のビデオを見て「ええ度胸してるなぁ」といったと聞きましたが、わたしも孫の度胸の良さには満足していました。これというのも両親がいつも楽屋へ連れてきて楽屋の雰囲気に慣れていたからだと思います。腕白坊主の孫はわたしにとって「宝物」です。

孫のこと

わたしは孫の顔を見ることはないと思っていました。それが遅まきながら孫を授かって、しかもタイミングよくお祖父さんのイベントに出演するとは夢にも思っていませんでした。わたしのように好き勝手に生きてきた人間が、そろそろこの世にお暇と思ったときに孫の顔を見られるとは、こんなに幸運に恵まれた人間はないと思っています。心の中に涙が充満しました、そして師匠の顔も。

孫が生まれたときはすぐに病院に駆けつけました。面会時間となりガラス越しでの初対面です。孫の隣に寝かされている赤ん坊と孫を見比べながら「孫の方がええ男や」と思いましたが、おそらくはその赤ん坊の親も「自分の子の方が」と同じように思うものなのでしょう。

孫には生まれる前から「明石家ぽんた」という名前をつけていました。枕元にお師匠さんの遺品の鈴と、手拭・扇子・叩きを置いて写真を撮りました。こんなことをするのはわたしの楽しみで、ホントウに落語家にさせるのか、と聞かれたら言葉に詰まります。ご飯の食べられない仕事とわかっていて継がせるというのはやっぱりためらいがありますから。

長男も自分が辛い思いをしていると思いますが、孫を落語家にさせるような気配だったし、お祖母さんになる家内もその気でした。

なぜこうもこの家の人間は「落語」にこだわるのでしょうか。わたしの中には、ただ師匠五代目笑福亭松鶴の落語を残していきたい、その気持ちがあるのは確かです。孫がもし落語家にならなかっても……。

——いやぁ、満員電車に詰め込まれるより、一人でしゃべる面白い稼業——

こんな思いはどうしても去らないのです。もし孫が落語家以外の職業についたとしても、お祖父さんの師匠の落語はこんな落語だった、そういって誰かに伝えてくれたらとも思うのです。そのためにわたしは師匠の落語を全部書き留めています。それもただ筋書きをかくだけではなく、仕草から喋り方についての指示、「間」の意味まで書き込んであります。いまはわたしのCDやDVDがあるから、この原稿と照らし合わせたら、五代目松鶴の落語の匂いがわかるのではないかと思います。

ところで、この孫が三歳になったら手に負えないようになるだろうと高を括っていましたら、十カ月にして早く手に負えなくなってきました。親のいうことも聞かず、自分の「好きなように」母親に守られて生きています。

孫の成長ぶりを見ていますとホントウに人間は「生かされている」のだということがはっきりわかりました。自分を振り返って「生かされている」のなら何も文句をいわれないのです。「お任せ」して生きていくだけです。

初めての孫ですから、何もかも新しい発見です。孫は世間様の子供と同じように「機関車トーマス」が大好きです。そこでわたしは孫のために「トーマス君」を手作りしました。薬の空き箱を胴体にして、顔は木彫りで念入りに仕上げてつくりました。これを孫が喜ぶかと思っていたら、その「トーマス君」をみるなり「こわいッ」といったのでがっかりしました。新幹線も作りましたがこれは孫も喜んでくれました。

孫は月に二度ほどうちへ両親と一緒にやってきますが、母親に教えられているのでしょうか、ちゃんと挨拶をします。幼児の時に買った兜はもう頭がはみだして被れないくらいにまで成長しました。うちへきてしばらくは馴染むまで静かに動いていますが、慣れたら大変なものです。狭い家の中を走り回り、目に入るものには触れたがり、何でも手にとってみたがり、親のいうことが気に入らないと物を投げつけます。家内は「お祖父さんの遺伝や」といいますが、悪いことはなんでも「お祖父さんの遺伝や」で片づけられてしまいます。

孫には顔を叩くという悪い癖もあります。孫を捕まえて押さえつけると「ごめんなさい」といいますが、これがホントウではなく鼻歌のようにいっているのがわたしにはよくわかります。横目で様子を窺うようなこともしますし、そんな孫をみてわたしは「ウンそれでいい、それでいい、それでこそお祖父ちゃんの孫だ」と思って喜んでいるのです。

孫がきて笑顔で見上げる鯉のぼり　　松之助

孫との会話

（山田無文老師の「手をあわせる」を脚色したものです）

孫「お祖父ちゃん、ご飯を食べるときに手をあわせていただきます、というのはなんで？」

私「ご飯をいただけることに感謝する形や」

孫「なんで感謝するの」

私「お米はお百姓さんが苗を植えてから取り入れまでに、八十八回も手間をかけるので、それを文字にしてお米というのや」
孫「嘘や」
私「なんで嘘や、お祖父ちゃんが嘘をいうたことがあるか」
孫「今嘘をついてる。お百姓さんは全部機械でやってるやないか」
私「うーん、そうやなぁ」
孫「それにスーパーへ行ってお金を出したらお米が買えるやないの、なんで感謝せんならんの」
私「お前はお祖父ちゃんに似て理屈っぽいなぁ。けどそのスーパーへは誰が運んでくるのや」
孫「大型の運搬車が運んでくるのや」
私「その大型の運搬車に積むのは誰や」
孫「農協の人や」
私「農協へは」
孫「お百姓さんやがな」
私「それみいな、お百姓さんがお米を作ってくれはるさかいに、ご飯が食べられるのやろ」

孫「その代わりお金を払うてるがな」
私「お金を払うたらお米が手に入ると思うてるか」
孫「思うてるで」
私「お金を払うたらなんでも手に入ると、そう思うてるところに間違いがあるのや」
孫「間違い？」
私「そうや。お百姓さんがお米の苗を植えただけでお米は出来るもんやない。太陽の光と熱、田圃の土、きれいな水と空気があるからお米がとれるのや」
孫「そら分かってる」
私「いや、分かってない。その太陽や光、空気や水にお金を払うてるか」
孫「どないして渡すの」
私「それがいらん理屈やがな。魚にしてもスーパーでお金を払うのは、運搬賃と手間賃だけで、魚を育てた海にはお金は払うてないやろ。すべてが天の恵みやないか。人間はえらそうに自分で生きてると思うてるが、天の恵みで生かされてるのや」
孫「そういうとそうなるな」
私「生意気な口をきくな。こらッ、服の袖で鼻汁を拭くな。人間は天の恵みで生かされてる、そうと知ったらいつも何にでも感謝の気持ちが湧くやろ」

孫「お祖父ちゃんもなかなかええことを言うな」
私「水も雨が降ってくれるから飲めるのやね、これこそはっきり天の恵みやろ」
孫「ウン、よう分かった」
私「大事なことやからもう一度言うけれど、人間は大いなる力によって生かされているのや。このことを忘れたらいかんで」
孫「お祖父ちゃんも忘れなや」
私「こらッ。あッ、もう逃げていってしまいよったがな。しっかりと覚えておいてくれよ」

長い間お付き合いいただきまして有り難うございました。松之助という一介の落語家の生きてきた道です。これからも落語の勉強に努めて、師匠の足元に近づきたいと思っています。どうかよろしくお願いします。

第二章

芸のこと

落語はお芝居

わたしは「古典落語」という言葉が気になっています。

落語を一生の稼業とし、ずいぶん長い間いろいろと考えてきましたが、落語はお芝居です。それが証拠に大ネタといわれるものは芝居ができなければ到底できるものではありません。

亡くなられた桂文楽師匠の『芸談あばらかべっそん』(この言葉は、文楽師匠が冗談まじりに使っていた言葉だそうです)に、円朝の弟子の円喬という人の「鰍沢」が紹介されておりますが、「雪を払って門口に立った様子のいいこと」「火鉢に粗朶《そだ》をいれて、はてどこかで見たようなと、相手の顔を下から見上げる形の良さ」などと称賛されています。これはお芝居です。つまり、お芝居ができなければこの話はやれないということです。

手前味噌になりますが、わたしは2008年の暮れにミナミのトリイホールで「曾根崎心中」をやりました。これは、東京には人情噺があるのに大阪にはなぜないのだろうか、と思ってこしらえたものです。笑いはありませんでしたが、お客さんには聞いていただけたと思います。浄瑠璃の文句で終わりにしましたが拍手もありました。ヤレヤレという拍手ではありません。珍しいものを初めて聞いたという拍手だったと思います。

「お文《ふみ》さん」という噺がありますが、これを演るきっかけは京都の南座の新派で「深川年増」を見て、「あっ、これは『お文さん』からとったのではないか」と思ったことでした。というのは作者が大阪の西横堀の生まれだったからです。早速、作者の本を読みますと、このネタは作者が満州に行った時に、旅館の女将から聞いた噺を基にしている、そう書いてありました。

また、古い『名作落語全集』にも立花家千橘《たちばなやせんきつ》の「お文さん」がありました。しかし読んでみると矛盾と嘘が目立ちます。「お文さん」というのは蓮如上人の書かれた文章を浄土真宗の西派で「お文さん」と呼び、東派では「御文章」と呼んでいます。サゲになっているこの「お文さん」がまったくの出鱈目で、昔は「お文さん」をお客さんが知っていたから洒落になったのでしょうが、現在ではこんなものは通用しないと思いました。

また、若旦那の愛人が北の新地で「お文」といえば知らぬ者がない芸者じゃ、と若旦那にいわせていますが、知らぬ者がないくらいの芸者なら、ここの店の者で知っている人間がいるはずです。これが嘘なのです。

このように嘘がすぐ見破られるようなネタは演技者が改訂していかなければならないと思います。

落語家はサービス業である

落語は伝承芸といわれていますが、ホントウにそうなのでしょうか。わたしは疑問に思っています。現在の落語界で一体誰が落語を伝承しているのでしょう。

テレビで売れたらそれを落語の技術と勘違いして、看板は大きくなりますが、さて落語技術の方はいかがですかと尋ねたら、どんな返事が聞かれるでしょう。わたしが「落語家」から「楽悟家」と自称し始めたのは、昨日今日に弟子入りしたものも落語家と名乗ることに違和感を覚えたからです。「芸は盗め」といいますが、盗むのためには相当な技術が必要だと思うのですが、それについてはどうなのでしょうか。

落語家になりたい人は弟子が大勢いるところへ弟子入りします。芸も何も分からないから、大勢のところなら安心なのでしょうか。

人間、生まれてくる時も一人、死ぬ時も一人ですのに、しかも落語は一人でやるものです。高座へ上がったら自分が主役です。誰も手伝ってくれません。それなのに、大衆の一員になって安心しているというのはどうなんでしょうか。羽織袴で集団に加わることで満足できるのですか。集団でワイワイガヤガヤやっているのが、落語家だと思っているのでしょうか。

わたしは落語は一度滅びてしまうのではないか、そう思っています。そして何十年か何百年か後に新しい落語家の芽が出てくるように思えるのです。これも大自然の力ですから、わたしがどうこうといえることではありません。

芸事というのは難しいもので、一生が勉強といいますか、わたしもこの歳になっても師匠の足元に遠く及んでいないと思っています。そして、そうなればこそ、どれほど歳を重ねても師匠を追いかけるという新鮮な気持ちを持ち続けられるのではないかと思っています。

「落語研究会」という存在もわたしにはよくわかりません。落語の何を研究するのでしょうか。それは落語家の仕事に属するものだと思うのです。落語に出てくるなにかに興味をそそられて、それを研究するというのなら理解できないこともありませんが、落研から落語家になるというのはどうなのでしょうか。世間を知る人生経験として必要な時間を過ごすなら良いのですが、落語家になるのなら、そんな遠回りをしないで弟子入りした方が早いと思うのです。

落研は素人の集まりでしょう、そこで落語家になれるのでしょうか。落語家というのは「演芸場」で「笑い」をとるサービス業です。わたしは頭が古いので、演芸場の舞台へ上がらないものは芸人ではないと思っています。
落語については次のようないわれ方をすることもあります。

真の落語は、落語家自身がつぶさに世の辛酸を嘗めた自己の体験によって適宜に題材を消化して語るべきものである。されば落語は即座に人生の縮図となって、その一言一句に聴者の胸を打つ力が生じる。可笑し味のうちに教えられ示され悟らせらるる醍醐味に陶然たる聴者と、われを忘れて三昧境に入る演者とが、混然と合体して芸術の世界に遊ぶ面白さは、実に筆舌のつくすところではない。ゲラゲラ党のうかがい知ることすら許さぬ桃源境である。さればひとたびこの味を占めたものは、生涯落語の虜とならずには擱かない。これが落語の持つ唯一の武器である。

（「真の落語」中浜静圃）

しかし、わたしはこれは間違った考えだと思っています。それは吉本興業に籍をおいた時、林正之助会長に京都花月の前で、
「松ちゃん、お客さんを笑わしてや、うちは『笑わします』とこの通り看板をあげて商売をしてるのや。笑わさなんだら詐欺になるさかいな」

と教えられたからです。落語家はお客を笑わしてお金をもらっているのです。自分のために落語をやっているのではありません。

落語は「芸術」ではないとハッキリいっておきます。自分のために落語をやっているのではありません。芸人はサービス業なのです。「笑わすのが好き」「笑われることに快感を覚える」。それだけで結構。「笑い」のために工夫するのが落語家なのです。その工夫を楽しむことが、「人生を楽しく生きる」ということにつながっていると思います。

演芸場には楽屋があって、そこで人生の裏表のいろいろを知ることができました。また先輩の忠告から得るところもたくさんありました。

ですから、個々に落語会を開いているというのは、うちの師匠の若かった頃にあった、素人の落語好きが寄り合った「天狗連」だとも思います。実はうちの師匠もその「天狗連」の出身です。「天狗」と名前をつけるのですから、天狗になっているのでしょう。いや、それとも「天狗になってはいけない」と自身を戒めていたのかもしれませんが。

昔の芸人は貧しかったのです。師匠の「食われへんで」がそのことをはっきりと言い表しています。

横山エンタツさんに聞いた話ですが、その頃は「芸人宿」というのがあって、仕事のない芸人がそこに住んでいたそうです。そして、興行師が「今度どこそこの誰の芝居があるのやが、希望者はおらんか」と声をかけると、仕事にあぶれていた者が何人か応募して前金をもらうのです。そして、そのお金で「宿の借金」を払って仕事に行くのです。住むところを「間借り」などしていたら「甲斐性もんや」と皆から羨ましがられる、そんな存在だったのです。

エンタツさんにしろ、アチャコさんにしろ、金銭には細かかったようです。アチャコさんなんか、人気者になってからも屋台店にでも呼ばれたら気軽に入っていったそうです、無料ですから。京都のどこかに大きなヤマを持っていて、その一部が新幹線の路線に選ばれ大儲けをした人が、屋台に入ってごちそうになるのです。テレビ局へ来る時は地下鉄で、帰りには局の風呂に入り、もらったタクシーのチケットで帰宅していました。夜食が出たときには他の人のお膳を見て、「中郵君、僕のシジミ汁はまだかね」と催促することもありました。中郵さんは「今もって行こうとしてるのに」とぼやいて運んでいましたが。

エンタツさんも「松ちゃん、一回家へおいで、仰山お酒が縁の下にあるねん、買ったんと違うで、みな貰いもんや」と得意そうにいっていました。エンタツさんとは「てっちゃん劇場」というテレビ番組で一緒になりました。わたしが稽古をしていて理屈に合わないところを指摘すると、「うん、君の言うことは理に合うてる」と言ってくれました。

蝶々さんのお父さんが亡くなりました。そのお通夜の場に「気違い奴《やっこ》」といわれた、松《まっ》葉家奴《ばややっこ》さんが来ていて、棺の前で酔った勢いでエロいことを大声で話します。町内会長が来ていてその無礼さを咎めますと「洒落の分からぬ奴や」と横を向いて木魚を叩いてぶつぶついっていました。翌日のお葬式では、わたしが胸に白いバラの記章をつけているのを見て「それは偉い格好がええな、ワシにもそれをくれ」といってわたしのバラの記章を取り上げてしまいました。この人は「釣り」という芸と一本足の高下駄を履いて、そこで「松づくし」というのを踊るのです。

そんな人達を見てきたわたしには、落研の人の考えが分かりません。落研時代に「天皇」といわれた人が本職になりましたが、本職になってからは「天皇」にはなっていないようです。

初日にはせりふを忘れよ

わたしが入門して三年近くになった頃でした。師匠の未亡人が横になって落語を読んでいましたが、突然起き上がって、

「松ちゃん、落語テ本で読んでもおもしろいのに、あんたお客を笑わさんように上手に落語を言うな」

と一発見舞われたことがあります。けれどもそれは無理というもので、三年でおもしろい落語が演じられるわけがありません。落語というのはそんなに簡単にできるものではないのです。

差し向かいになって「せりふ」をいうてもらって覚えるだけです。それをどうこうするような腕は出来てないのですから。

坂田藤十郎

【初日はせりふを忘れよ】或役者藤十郎に問て曰、我も人も初日にはせりふなま覚なるゆゑか、うろたゆる也。こなたは十日廿日も仕なれたる狂言なさるるやうなり。

いか成《なる》御心入ありてや承りたし。答て曰、我も初日は同《おなじく》うろたゆる也。しかれどもよそめに仕なれたる狂言をするやうに見ゆるは、けいこの時、せりふをよく覚え、初日には、ねからわすれて、舞台にて相手のせりふを聞、其時おもひ出してせりふを云なり。其故は常々《つねづね》人と寄合、或は喧嘩口論するに、かねてせりふにたくみなし。相手のいう詞を聞《きゝ》此方初て返答心《こゝろ》にうかむ。狂言は常を手本とおもふ故、けいこにはよく覚え、初日には忘れて出るとなり。

（『役者論語』耳塵集上）

《解説》　明治の名優九代目市川団十郎はじめ近代の俳優も、よくこれとおなじことをいっている。が、むろん本家本元はこの藤十郎の言である。初日にはせりふを忘れて舞台に出るからこそ、いかにも自然にきこえるのだ。しかしそれには、劇の進行とともに自然にせりふが出てくるほど、せりふを完全におぼえ、その人物になりきっていなくては、できないことだ。

（『芸道名言辞典』河竹繁俊編、東京堂出版）

わたしはこの藤十郎の言葉の中で「喧嘩口論するに、かねてせりふにたくみなし」というところに注目したのです。そうです、まったくその通りです。喧嘩口論をする前にいうことを考えることはできません。相手のいった言葉に対して、こちらは自分のいうべきことをいうのです。

わたしの落語は覚えたのをそのまま吐き出しているだけでした。おもしろいはずはありません。こんなことがわかったのもずっと後になって、この本を読んでからです。もしこの機会がなかったら今でもせりふを吐き出しているかもしれません。

落語は伝統芸能といわれますが嘘です。なにも歌舞伎のように演じ方を書いたものが残っていないのですから。

『広辞苑』を開いてみましたらこう書いてあります。

伝統　ある民族や社会、団体が長い歴史を通じて培い、伝えて来た信仰、風習、制度、思想、学問、芸術など。特にそれらの中心をなす精神的在り方。「――を受け継ぐ」。

落語にはそういうもののカケラもありません。落語のネタ一つも先人の苦労があって辛うじて今日までネタが残っているのです。先人とその家族の苦労に対して感謝の気持ちで落語をやらなければならないのです。わたしはそう思っております。

それは師匠や世話になった四代目米團治師匠の私生活を見てきたからです。いまの落語家にこんなことをいっても通じることはありません。世間がすっかり様変わりして落語家というのは結構な稼業になっているからです。中年になってから落語をやろうという人もありますが、わたしは落語に対する侮辱だと受け止めています。

落語こぼれ話

「へっつい幽霊」という噺がありますが、簡単に筋を説明します。古道具屋の店先に置いてある「へっつい」（かまど）から幽霊が出ると噂になっています。その「へっつい」を礼金つきで引き取ってきた、長屋の住人・熊五郎と勘当されている若旦那。「へっつい」から金が出て来ます、幽霊はその金に気が残っていたのです。二人は大喜びでその金を山分けにしたのですが、若旦那は遊びに使いはたし、熊五郎は賭博で負けてしまいます。若旦那の実家で金を借りて来た熊五郎が、その晩、出て来た幽霊と勝負をするという落語です。

わたしはこの落語をＮＨＫの番組（「上方はなしを聞く会」というタイトルだったと思います）でネタおろししました。ディレクターに気にいっていただけたのです。

ＮＨＫのスタジオでお客を入れないで録画することになりました。持ち時間は二十九分三十秒です。念入りな稽古を始めました。稽古では場面を細かく切って何度も繰り返し、時間をはかって間違いなくその時間内に終わるように稽古をして、その時間を台本に書き入れました。

問題はサゲのところです。サゲ前に時間に違いがあってはならないので、サゲ前が五分になるように繰り返し繰り返し稽古をしました。そしてディレクターにその台本を渡して「各場面がこの時間にきっちりと収まるようにしました。サゲ前までが五分で終わるように調節してください、サゲの五分は間違いありませんから」と伝えました。録画は時間ぴったりで撮り終わりました。ディレクターとわたしは手を握りあって成功の喜びを分かち合いました。後にも先にもこんなに感激したことはありません。

この落語は1954年（昭和29年）に四代目桂文枝師匠に教えてもらったものです。あれから七年が経っていました。師匠にこの録画成功を報《し》らせることができなかったのは残念でなりません。この師匠にもう一つ「上燗屋《じょうかんや》」というのも教えてもらいました。この落語はほろ酔いの客が道端の上燗屋に声をかけます。

「おい、一杯なんぼや」
「一杯十銭で」
「ここに『上かん』と書いてあるが何で上かんというねん」
「ヘエ熱ぅなしねぬるウなし、それで上燗といいますのんで」

この落語を千日劇場でやりましたら、下座《げざ》（お囃子）の人が、

「今やってはるのでしたら酒を燗する時間がありません。わたしが耳に残っているのは、

「一杯十銭で」

「そうか、そんなら一杯くれ」

「ヘエ」

「おい、上燗屋、ここに大きいに『上かん』と書いてあるが……」

と教えてもらいました。

そこで上燗屋が説明している間に燗が出来るというようにやってはりました」

それから「ふたなり」という落語で暗闇の中で「首吊り」の体を押すところがあります。わたしは正面を向いたままで押してましたら、同じ人が、「あそこは体を横向きにして押していました、お客にようわかりますから」と教えてもらったのです。なんでもないことのようですが、こういうことはなかなか自分で考えられるものではありません。落語は上手と下手を向くということだけやと一人合点してやっていて、何も考えずにやっているとこういう間違いをするのです。人様から教えてもらうということは大切なことだと思いました。

『論語』に「習わざるを伝《つと》うるか」とあります。まだ、はっきりと習得も体得もしないことを人に伝えたり、伝えたりはしていないだろうか、と反省するということです。

かの人は自分が見たり聞いたりしたことを私に伝えてくれたのです。

自分流の落語

わたしはいま自分のやっている落語を自分流の落語にしようと思っています。まず小唄を入れようとLP盤で稽古をしました。それと落語には筋に理屈に合わないところもあるのでそれを改訂することにも手を染めました。例えば「片袖《かたそで》」という落語があります。「墓返し」という墓を掘り返して金品を盗む泥棒の話ですが、その相棒に少し頭の疲れた男と組んでその男の間違いを指摘して笑いにするというものです。ですが、悪質な泥棒が頭の疲れた男と組むだろうか。これは単に笑いをとるための手段にしか過ぎない。そう思ったので筋を全面的に改訂して、加えて説明するところには浪曲を使いました。

サゲは「うまく語（騙）るな」と浄瑠璃のサゲですが、泥棒の元の職業を役者の下回りということにして、サゲは「うまいこと芝居するな」、「元は役者や」。これでサゲがよく分かります。

「土橋万歳《どばしまんざい》」というのはサゲがいまのままではわからないので、「夢のまた夢」という手をつかいました。番頭が若旦那に二階から蹴落とされ、表へ出て振り返り、二階で続いている散財の騒ぎを聞きながら「お年がお若いので無理もないが」というせりふを、うんと芝居がかりにいいます。そうすると後の場面が歌舞伎の「夏祭浪花鑑・長町裏の場」を少し使ってありますから、雰囲気がつながると思ったからです。落語にも芝居ができなければ演れないというものがあるのです。芝居をやっていると自分も気分がよろしいです（自分が楽しんではいけませんが）。

「兵庫船《ひょうごふね》」もサゲに鱶《ふか》が出て来て「カマボコ屋や」といわれてびっくりして逃げるのですが、落語のはじめの方で喜やんが宿屋の弁当のカマボコなんか鱶の身をすり潰してこしらえたあるさかい不味い、といわせました。するとサゲの「カマボコ屋」といわれて鱶がびっくりするというのもよくわかります。またはじめの「謎かけ」が今はわかりにくいので、ある落語家が地方の仕事に呼ばれたのはよいけれど、あまりの下手さに主催者側が怒ったので泥田圃の中を逃げだすようにしました（これは実際に聞いた話を脚色しました）。サゲ前もエノケンの「金毘羅船々追風に帆かけてシュラシュシュシュ」と船客一同が大合唱するという賑やかな雰囲気のところへ、鱶が身を入れたということで、いままでと打って変わって大騒ぎするというようにしました。

「煙草の害について」はチエホフのものですが、読んでみると昔からよくある結婚式の挨拶を間違える話。とかく戦争中には出征兵士を送る際に町内会長が挨拶を間違えてばかり、という漫談がありましたから、全然筋を変えてしまいました。松之助のおかしさだけになってしまいましたが、これはテレビでやっただけで、こんな落語は一回きりのものです。

「死に神」では、なぜこの男に死に神の姿が見えるのかという疑問が湧いてきました。そこで死に神が首に掛けている珠の一つを落とします。その珠を男が拾うのです。そこへ死に神が珠を探しに出てきますが、エノケンの歌をうたうという陽気な死に神にしたのです。この男は珠を持っているので死に神の姿がはっきりと見えます。これで理屈が通りますし自然だと思うのです。サゲもパタッと倒れてロウソクの火が消えたことがわかるのですが、わたしは死に神が「ウフフフフ」と冷ややかに男の倒れている姿を見て笑うというサゲにしました。

なにかこんなことをやっていると老人が盆栽いじりをしているように思えますが——わたしの好きな言葉と随筆を添えて拙い文章の締めくくりといたします。


「日々新風」

昨日の風はもう吹いてこない、明日の風はまだ吹いてこない。吹いているのは今ここだけ吹いている風。

「自然法爾」

親鸞聖人の言葉です。分かりやすく書いてあった本がありました。

世の中のことはなかなか思うように運ばない。自分だけでする仕事でさえそうなのだから、相手のあることになると余計いけない。親鸞のようにずるい人は、その辺のことをちゃんと見抜いていて、仏に下駄を預けてしまった。

「親鸞におきては、『たゞ念仏して、弥陀にたすけられまいらすべし』と、よきひと（法然上人）の仰をかふむりて、信ずるほかに、別の子細なきなり。念仏は、まことに浄土にうまるゝたねにてやはんべるらん。また、地獄にをつべき業にてやはんべるらん。惣じてもて存知せざるなり」（『歎異抄』）

へへん、どんなもんじゃと鼻をうごめかしているようである。坊主、いい度胸だと言いたくなる。

私も近頃はなるべく柳に風と行くようにしている。

（『大人のしつけ　紳士のやせがまん』高橋義孝、新潮社）

落語の手引き

わたしはいま、落語に関係のあると思われる文章をまとめた「落語の手引き」なるものを作っています。その中からいくつか披露させていただきたいと思います。

落語家になろうとする人に

a．落語を何度か聞いて、その面白さに感動し、自分もこれと同じように落語をやって人を笑わしてみたい、そして人が笑うことを自分の喜びとしたいと心の中から湧き上がってくるものを感じた人が、この世界に入るのに最も適している人です。

b．次に言葉の訛りの問題があります。上方落語というのですから言葉は「京阪神」の言葉を使わなければなりません。しかし、現在では純粋な「上方言葉」というものはほとんど使われていません。少なくとも「京阪神地方」の言葉が使えなければなりません。「訛り」は「京阪神」に育った人には耳障りとなり、また「訛る」と意味が通じないことがありますから、演じる落語に大きなマイナスとなります。ですから「訛り」を治すことが先決問題です。それができないときは落語家になるのを諦めるのがよろしい。

c．落語は単に人を笑わせるものだといっても、それには技術、つまり「芸」を身につけねばなりません。落語の「芸」というのは「描写」の技術ですから、これを体に覚えさせるためには相当の練習が必要です。絵描きは、最初の一年間は肘をつけずに直線・曲線を描く練習をします。また水泳選手は良い指導者の下で正しい基本を身につけるために、毎日何千メートルも泳ぐのです。

d．落語を自分勝手に喋っていては決して「芸」は身につきません。やはりコーチ、指導力のある師匠について基本を教えてもらうのですが、師匠の選び方としては何人かの人の落語を何回も聞いて、その落語家の芸風と自分の内にあるものとが合うかどうかということをよくよく考えて入門を決めるべきです。もしできることなら研修期間としてその師匠の元へしばらく通ってみて、自分が客席から見ていて思ったものと違う場合には、その師匠に入門することはやめるのがよろしい。

e．落語家の弟子になるということは、その師匠に自分の全人生を託すのですから、師匠に心服してその指導に従うことが大切です。いやしくも師匠を批判したりするようなことは厳に慎まねばなりませんし、もし反発を感じるようなことがあれば、それは自分が師匠の選び方を間違っていたのですから、落語家になることを諦めるべきです。そうしないでただこの世界におりたい、そんな考えで続けていくのなら大切な自分の一生を無為に終わらせることになります。よくよく自分自身で注意しなければなりません。

なにか大層なことを書いているようにみえますが、実はタネを明かせば、千田是也『近代俳優術』から拝借して落語に置き換えてみただけです。こういうところは寄席芸人らしいと我ながらニヤリとしています。

落語についての考えは十人十色ですから、誰にもこれを勧める訳にはいきません。お客さんは娯楽で笑いに来ているのですから、「笑い」のない落語というものは存在しません。自己満足だけでは落語家という稼業は務まらないのです。ただ、落語家が考えなければいけないのは、「笑い」の質というものではないかと思っています。故人になりましたが、ある落語家がわたしのところへ相談に来ました。

「このごろ落語をやっても、お客さんが笑ってくれませんのです。素人でラジオに出ていた時は三分で爆笑をとっていましたので、あの演り方でやってみようと思いますがいかがでしょうか」

「君がそう思うのなら、やってみたらよいでしょう。それが駄目ならその時には二人で考えましょう」

と答えたのですが、彼は自分の思った通りに落語をやり、客席から爆笑を得ました。

しかし、一方ではこんな人もありました。それはわたしが痔瘻の手術を受けた医師ですが、彼の全集を購入したと得意顔でわたしに話しました、それから三カ月たって医院へ行ったら医師は、「二度目は聞かれないな」といいました。

彼は亡くなる少し前にわたしのところへやってきて、「最近になって家内が、あなたの高座をお客さんは喜んで受け入れてくださるが、わたしにはふざけているようにみえてちっとも面白くない、と言うようになったんです」とぼやきました。わたしは「亭主の仕事に嫁さんが口出しするのは間違っている」とだけいいました。彼はその後しばらくして亡くなりましたが賢い人間でした。「笑い」のために随分苦労し悩んだと思います。

お客さんと落語家の周波数があわない時は、いくら焦ってもどうにもならないのです。

こんな歌があります。

芸人に上手も下手もなかりけり
行く先々の水にあわねば

わたしがまだ新米だった頃に、余興で播州の方へ行ったことがあります。「高津《こうづ》の富《とみ》」をやったのですが、お客さんはクスリともしません。入りの拍手ももちろんありませんでした。わたしが広い楽屋の隅で沈んでいましたら、その仕事のプロモーターをしていた先輩の漫才師が「松ちゃん、こんなところでは『寄合酒』をやったらよかったな」と慰めてくれました。

お客さんと周波数があわない時の落語家の惨めさといったらありません。この「寄合酒」を大阪市内の小さな小屋でやったことがありますが、少しも笑ってもらえませんでした。兄貴（当時はまだ光鶴といってましたが）は、「お前、この辺の奴はこんなことを日常にやってるのや、だから面白くもなんともないのや」といいました。

わたしは「落語会」とか「独演会」というのものは好きではありません。お客さんは始めから落語を聞きにきているのですから、周波数が合わないということはありません。これではホントウの芸人の経験は積めないと思うからです。

吉本がＮＳＣという漫才・コントの学院をこしらえています。そこへ講師を依頼されていきましたが、「漫才」や「コント」というものがどんなものか全然分かっていないのに驚きました。何もわからずにこの世界へ入ろうという大胆さにも呆れました。はたから見たら何でもないように見えますが、素質と才能と運に恵まれなかったら、この世界では生きていけないのです。世間は素早い動きで変化を続けていきます。それに乗り遅れたらこの稼業はやれません。何にでも対応できる素質と才能が必要なのです。

芸人と年齢

昔から「芸人に年齢はない」といわれていますが、芸人が「歳やなぁ」と思ったらもう舞台の仕事はできません。年齢を感じると体力も落ちてきます。「芸人子供」ともいわれていますが、これはいつまでも「子供のように」無邪気で、たわいないことにも喜んだり悲しんだり、怒ったり泣いたり我儘をいう、その単純さが舞台を明るくするということなのだと思います。芸人が妙に大人ぶっていると、お客さんは「なんや、えらそうにして」とそう思うのです。四代目米團治師匠は「感情の硬化、感受性の鈍化、世にこれを人格の完成という」と誠に皮肉なことをわたしに教えてくれました。

かつて、京都花月に出演するときには、会社から定期代が別に支給されていました。しかし一人で十日使って出番が終わってしまえば、その定期は不要になります。そこで誰が考えたのか、その定期を京都花月にその後出る次の芸人に譲るようになりました。次の芸人も十日使ったら定期をそのまた次の芸人に譲渡するのです。つまり一つの定期券を三人で使うのです。こうすると会社からもらった定期代の三分の二がそれぞれの手元に残ることになります。

そんなことをしていたあるとき、こんなことがありました、女性で二十五歳と年齢の入った定期券を、同じく女性の六十歳を過ぎた芸人が譲り受けてそれを使っていたのです。ある日、車内検札に若い車掌がやってきました。六十歳の芸人は二十五歳の定期券を平然と車掌に見せました。車掌は定期券をしばらく見て、女性芸人の顔をしげしげと眺めて「不正乗車ですね」といいましたら、その女性芸人は「何が不正乗車やねん」と強い口調で言い返したのです。車掌はちょっとムカっとした様子で「この定期券の年齢は二十五歳となっていますが、あなたは二十五歳どころか五十歳を超えていますよ」といいました。すると女性芸人は「芸人に年齢はないということを知らんのか、そんなことでよく車掌が務まるな」と噛みついたのです。車掌はその勢いに恐れるとともに、自分の不明を恥じるかのように次の車両へ移っていきました。この女性芸人は、こんな子供のような心を持っていたからこそ、六十歳になっても若々しい舞台が務められるのでしょう。

こんな人もありました。楽屋でテレビを見ていて相方に「おい、この次はどうなるのんや?」と聞くのです。そんなことは分かるはずがありません。さらにこの芸人はテレビのチャンネルを絶えず変えてくれと注文をつけてきます。誰かが「柱の横にチャンネル切り替えのスイッチをつけとけ」といいました。この人は几帳面な性格でした、芝居の台本を受け取るとそれを覚えるのに熱中し、家へ帰る道でもセリフの暗記に一所懸命でした。家の前に着いてセリフが途中だったら家の前を通り過ぎてセリフをいい、セリフが終わってから家に入るのです。いかにも芸人という感じがするではありませんか。

またテレビが再放送されていると、それを前に見た人が、「これ知ってる、この次はこうなるねん」といいながらテレビに見入っていました。

人のことをいえません。わたしもテレビに夢中になりながら衣装に着替えていて、舞台へ行こうとしたら「松ちゃん、着物はどうするの?」といわれて気がつくと、長襦袢の上から羽織をきていたことがあります。こんなところがあるからいつまでも元気なのかもしれません。

ドラマで若い監督と出会いました。わたしは仕事の都度、その監督にいろいろと聞きます。それは自分の考えだけでいると感覚がズレてくると思っているからです。ですから、若いスタッフと仕事をするのは楽しいのです。

漫才のこと

お笑いと一言でいっても、色々とありますね。落語、漫才、コント、喜劇……ここではその中で、漫才について、話したいと思います。

「漫才」という〝笑い〟の芸は、愉快で楽しいものです。漫才は、見て聞いて楽しむものなのですが、逆の立場で、舞台に立って人を笑わせる、ということもまた、別の楽しみがあります。

今からの話は、自分で漫才をやってみよう、また、やっているけど、やり方がよくわからない、そういう人に対して、話したいと思います。が、この話を聞いて、すぐに漫才ができるというものではありません。そう考えるのは、素人の考えです。その点を踏まえた上で、聞いてください。

現在、テレビで、「お笑い芸人」が漫才コンクールに出て、三分から八分の間に優劣を決めていますが、私には、どうしても、「漫才」とは認められないのです。

それはなぜかというと、ただ、早口でしゃべっているだけで、〝漫才という技術〟を使っていないからです。

漫才というのは、そんなに簡単なものではないのです。人を笑わせるというしゃべり方は、大変難しいのです。

どうしゃべったらお客は笑うだろうか？　退屈しないで聞いてくれるだろうか？　そういうことを、大先輩たちは、それを経験のうちから探り出して、ひと組ひと組が、「自分たちだけの漫才」を作り上げていったのです。素人がすぐにできるような、簡単なものではありません。

また、その人の持って生まれた「笑いの才能・素質」が、影響するのはもちろんです。例えば、「あの男の話を聞いていると、思わず、吹き出してしまう」というのと、「あの男の話は、どうしてああも不愉快なのだろうか？　もっと明るく話せないものか？」と感じられる人もいます。後者のような人が、舞台で漫才をやったらお客さんは、どんな思いをするでしょうか？　答えはわかっています。「早く舞台から消えてなくなれ」と思うのです。

生まれ持っての「素質と才能」には、勝てませんが、正しく努力すれば、お客さんの喜ぶ漫才はできるのです。

私は、それには〝ルール〟があることに気付きました。〝ルール〟がない漫才は、笑えません。そのルールをこれから話していきます。

漫才師になろうと思わない人にも楽しんでもらえるよう努力しました。

といっているうちに、開幕ベルが鳴りました。

漫才をやるには、まず〝声〟のことから話をしなければなりません。

漫才は、声の質、高い低い、太い細いなどは、気にしなくていいのです。悪い声なら悪い声（だみ声）で、それをうまく使えば、その漫才の持ち味にすることができるからです。

ある男女コンビの例を上げます。

女性はものすごい〝音痴〟でした。それなのに、大声で歌を歌うのです。男性は、腹を押さえて、もがき苦しむ動作をします。これをお客さんは、喜んで拍手するのです。

他にも、悪声の男性が、浪曲を唸るネタをやっていました。途中で一度やめて、「おかしいなぁ」という顔をして、また、唸りはじめます。「やればやるほど悪ぅなるがな」と、自分を情けないと嘆く表現も、笑いを呼んでいました。

この人には、おかしな癖があって、セリフを覚えるのに、きっちり、家の門口で終わらないと、家に入らないのです。セリフが余ったときは、近所を一周して終わるように合わせたといいます。

また、浪曲が売りの漫才師がいました。一節唸ると、客席から、拍手がきます。

その一節しか、語ることができなかったのですが、それをお客に悟られずに、満足されるのですから、さすが本職の漫才だと感心します。

他にも、ぼやき漫才というスタイルがあります。これを得意にした人には、決まったネタがありません。世の中の様々な出来事を、ネタにしてしゃべるのです。笑いの全然ない固い話の時もあります。

有名な歌舞伎役者を病院に見舞いに行って、手を取り合って盛り上がった話もします。が、これがなんと嘘なのです。それを本当の話のように聞かせる技術には、頭が下がります。この人の相方の女性は、話の切れ目で、「ハイ」「ソウデス」というだけでした。

話が横道にそれてしまいました。漫才の技術の話に戻ります。

漫才で一番注意しなければならないのは、〝テンポ〟です。ダラダラと話をされると、聞いていて辛くなってきますね。そんな経験はどなたもお持ちだと思います。

教師にしても、授業の上手下手があるのは、話し方の〝テンポ〟の良し悪しに理由があるのです。

「1、2、3、1、2、3、1、2、3」というしゃべり方は、テンポがあっていいように思いますが、このように同じテンポが長く続くと、単調に聞こえてきて、お客さんは退屈してしまいます。お客さんを飽きさせたのでは、プロとはいえません。くれぐれも、「テンポの変化」ということに注意してください。速い・遅いと、テンポに変化を持たせることです。車の運転でいう、シフトチェンジに似ていますね。一速から二速、三速、四速、そしてまた、三速に戻り、はたまた、バックをする、このような感じですね。これは、漫才の基本です。しゃべるスピードだけ変えても、同じ調子でしゃべっていたのでは、これもお客さんが退屈します。お金をもらっているお客さんを退屈させたら、入場料を返さなければならなくなりますね。

次に、言葉の訛りという問題があります。漫才は関西の言葉でやらなければならない。そんな決まりはありません。ですから、訛りは気にすることはありません。これも、悪声と一緒で、そのコンビの色合い（個性）というか、魅力になる場合もあるのですから。最近では、博多弁で漫才をする、博多華丸・大吉君が、売れっ子になりましたよね。こういう例もあるのです。

たとえ訛りがあっても、言葉は、はっきりとお客さんにわかるように、正確にしゃべらなければなりません。訛りはあるわ、発音ははっきりしないわでは、お客さんは何を聞いているのかわかりませんからね。もっとも、関西の言葉であるに越したことはありませんが。なぜなら、関西の言葉は、さまざまなニュアンスの語彙が豊富だからです。この話は、また別の機会に譲りましょう。

そしてこれはちょっと難しいですよ。イントネーション。難しいでしょう？　やさしくいえば、言葉の抑揚です。

言葉は、肯定・否定・疑問・完結、喜怒哀楽と、さまざまな意味と感情を含んでいます。ですから、この言葉の意味とそれを発する人間の感情を表現しなければなりません。そのために、声の高低・大小・緩急・強弱、という変化を臨機応変に使い分ける必要があります。もっとわかりやすくいうと、イントネーションというのは、「言葉のメリハリ」のことで、また、声調でいうところの「あがり・さがり」の使い方のことです。

抑揚を使わないと、気持ちの表現はできません。

例えば、結婚披露宴での祝辞や、葬儀での弔辞を棒読みでやられた場合を想像してみてください。こいつ何を考えているのかと、馬鹿にされるだけです。そこで、腹にもない気持ちを、それらしく抑揚をつけて読みあげると、そこにいる人々は感動するのです。

言葉というものは、それほどの力を持っているものなのです。言葉は誰でもしゃべることができるからと、何の考えも無しにしゃべるものではないのです。

まして、しゃべって笑わせることを職業にするのですから、言葉には最大の注意を払って当然です。

お笑いの世界では、「お客さんをつかむ」という言葉を使います。これは、漫才においては、お客さんを自分たちコンビの会話の中に入れることなのです。マイクの前に立ってから引き込むのではありません。舞台に顔を出した時から、自分たちの世界へ引き入れる、という心掛けがいるのです。袖から、客席に顔を出した時点で、お客さんを引き込んでいる、これが理想です。それができたのが、先代林家染丸、上方柳次・柳太、古今亭志ん生といった方々です。

次に、「間」ということがよくいわれますが、先にいったテレビの漫才には、「間」はありません。時間がないのですから、どうしても、早口でネタを詰め込む傾向にあります。また、若手が多いので、芸に自信がないので、間が空くのが怖いという面もあります。漫才が面白いのは、「言葉」よりも、それをいった人間の「気持ち」が面白いのかということです。先程の言葉がとても大事、といったことと矛盾するようですが、その力を持った言葉をより強力にするのが、人間の気持ちなのです。

現在の漫才は、人間の感情がなくて、覚えたセリフを吐きだしているだけです。ツッコミにしても、「アホか」「違うやろ」「何でやねん」と決まった言葉をいうだけです。これなら素人にもできることです。ボケのいったことに、気持ちが少しも動いてないのです。

これには、良い例があります。

「喧嘩口論をするときに、前もってセリフを考えておきますか?」。これは元禄時代、歌舞伎の名優といわれた、坂田藤十郎の心持ちです。よくよく味わっていただきたいと思います。相手の言葉に反応して、自分の言葉を出すのでしょう。下手なツッコミには、それができないのです。

言い忘れましたが、抑揚の一番わかりよいのは、歌舞伎のセリフです。感情がよりよく伝わるように、誇張して抑揚をつけているからです。黙阿弥や近松の力のある言葉《セリフ》を名優が語るわけですから、お客さんの心が動かせるわけです。

「知らざぁ言って聞かせやしょう。
浜の真砂と五右衛門が、歌に残せし盗人の種は尽きねぇ七里ヶ浜、
その白浪の夜働き、以前を言やぁ江ノ島で、年季勤めの稚児ヶ淵……」
（と、このように、七五調で名セリフが続きます）

以上で、しゃべり方は、どういうものかわかったと思います。

さて、漫才のネタをこしらえるということですが、私は漫才というのは一言でいえば、「お客の意表を突く会話」「ツッコミの相手にならない間」だといえると思っています。

意表を突く会話というと、

「長いこと会わなんだな」

「五百年くらいになるか？」

ここでツッコミが、強く「そないなるかい！」といわないで、半笑いで、「そないならへんわ」といいます。すると「四百五十年ぐらい？」というと、ツッコミが「そんなアホな」でこの話題は終わりです。

そして「そらそうと君は今、どうしてるね？」「大きな会社のね」「ほう、大会社のサラリーマンか？」「になりたいと思っているのですが」「ああ、思てるのかいな」で、このやりとりは終わります。

そして、ボケが、「君は？」を尋ねるほうに回るのです。

エンタツ・アチャコの有名な野球の「早慶戦」でも、ボケがよけいなスカタンをいっても、ツッコミの方は、ちらりとボケを見るだけで、一々相手にならないのです。このように、ボケをうまく泳がせる漫才をしていると、ツッコミのおかしさも現れてくるのです。ツッコミといっても、ボケのいったことを、一言一言ツッコむものではありません。そうすると、先の例のように、すぐにネタが終わってしまいます。一言一言ツッコむのは、ツッコミに気持ちの動きがないので、間が持たないからです。

漫才の原則は、お客の意表を突く会話だといいましたが、意表を突くということは、お客さんに、「次はこう言うぞ」と思わせておいて、それを裏切ることです。くどいようですが、予想させて、それを裏切るのです。

例えば、

「今日は儲かったから、うんと贅沢をして、素うどんを食おう」

というのは、「儲かったからうんと贅沢をして」と、お客さんに「どんなごちそうを食べるのだろう?」と予想させておいて、「素うどんを食おう」とお客さんの予想を裏切るので、お客さんは裏切られたことと、品物が素うどんだということで笑うのです。

が、あまり予想を裏切ってばかりでは、お客さんの気分を壊しますので、時々、お客さんが予想した通りのこともいわなければならないのです。

その辺の、「嘘とホンマ」の混ぜ合わせ方が難しいのです。

「宝くじに当たったんや」「嘘つけ」。これでは、会話は続きません。

「宝くじに当たったんや」「うわぁすごいなぁ」と相手の話を受け入れると、お客さんも、二人の会話に引き込まれてくるのです。

宝くじを今まで買い続けてきたからなぁ、とか、並んで順番待っているときに彼女ができて、それが今の嫁はんや、というように話題を変えていくこともできます。また、宝くじを買うのに並んでいて、周囲で起こった出来事の話にも変わっていくことができます。

漫才は、世間のことをよく知っていることも必要です。つまり、雑学というやつですね。

そうすると、話題はいくらでもあると思うのです。

中田ダイマル・ラケットの漫才

中田ダイマル・ラケットの「僕は幽霊」の漫才を使って、漫才をするときの気持ちを分かりやすく書いていきます。○が私の説明です。お客さんというのを文中ではAと書いておきます。

ダイ「こないだ、えらいええとこがあったなオイ」
　○ダイはラケを持ち上げるように。
ラケ「なんや突然に」
　○急に言われたのでホンノ少しおどろいて。
ダイ「彼女を連れて歩いとったやろ」
ラケ「僕がか」
　○見られていたのが得意なのだが、ワザとトボケて。
ダイ「はいな」
ラケ「いつごろの話や」

○まだトボケている。

ダイ「先月の暮れやったかいな」

ラケ「先月？」

ダイ「通天閣のそばを、ズーッと歩いてた」

○「足で歩いてた」と入れない、余計な言葉だから。

ラケ「ああ、あの時か」

○ここでも「あの時や」というと言葉が重複する。

ダイ「ええとこあったな」

ラケ「君、あの時の女を見たかオイ」

○「オイ」は「見てくれたか」という嬉しさの気持ち。

ダイ「あの、あの、ぶさいく…」

○と言いかけて、それを言ってはいけないと気がつき、ごまかそうとしてつづける。

ダイ「アノネ、ズーッとコー手を組んで、歩いとったやないか。派手な洋装をしやはってナ。何やコー、ネットのついた帽子をかぶって、ハイヒールを履いてコー、どうやねん」

○「どうやねん」は、ワザと羨ましそうにいう。

ラケ「あの女が、何やちゅうねん」

○改めて問いつめられたので、ダイマルは必死になってごまかそうとして、

ダイ「アノネ、あの、お多（お多福と言いかける）」

○ラケは嬉しさでそれが聞こえなかったかニヤニヤと、

ラケ「エ、へへへ」

○ダイはうまくいったと、言葉をつづける。

ダイ「ほんまに、このストッキングでナ。白の手袋をはめて」

○「手袋」を「手錠」と言い違えると、後のラケの言葉が出にくい。ラケはふと気がついて。

ラケ「そんなこた、どうでもええがナ」

ダイ「聞いてるねんやろ」

ラケ「いや、あの女が、どないやちゅうねんナ」

ダイ「あの、お多…、お多…、（うっかりと言いかけて）…会うたとき見たけどな」

ラケ「ごまかすな」

ダイ「ああ、しんど（そのくらい一所懸命になってごまかした）」

ラケ「何を言うとんね」
ダイ「こら辛かったわ」
〇自分の気持ちを言うている。
ラケ「辛かったとはどうや（辛いほどごまかしたんか、という意味）。君は何かい、お多福と言いたかったんかい（やや不機嫌にいう）」
ダイ「お多…、（慌てて）いや、お多…、そんなこと言うかいな君」
ラケ「そういう風に聞こえたで」
ダイ「（ラケの言葉を否定して）僕は、そんな、お多福やなんテ思うてても口に出して言うかいな」
ラケ「言うてるやないか。アホなこと言うなオイ。まァお多福であろうと何であろうとやネ、君には関係ないことや」
ダイ「関係とは」
ラケ「君の恋人でもないのに、余計な心配すな（やや不機嫌）」
ダイ「そんなら、あれ、君の恋人か」
ラケ「そや」
ダイ「ありゃア」

○これはまたどうしたことじゃろか、という気持ちを少しオーバーに。

ラケ「僕は近々、あの女と結婚することになってるのや」

ダイ「結婚？」

ラケ「そや」

ダイ「結婚、やめとき（調子はずれの声で）」

ラケ「え？」

ダイ「結婚やめちゅうのに（前のより強く）、それを」

ラケ「僕が結婚したらいかんのか（不服）。お互いに愛し合うて結婚するのやデ」

ダイ「愛し合うてるてか」

ラケ「つまり僕はあの女を愛して…」

ダイ「けど相手はどう思うてるや分からへん」

ラケ「いや、そら君、彼女を知らんからそんなこと言うのや」

ダイ「こないだ見たがな」

ラケ「見ただけでは分からへん」

ダイ「ええ？（俺は知ってる、という気持ちを持っている）」

ラケ「付き合いしてみんことにはネ、あの女の気持ちは分からへん」

ダイ「えらい惚れ方やなオイ」
ラケ「いや、惚れてるのは僕より向こうのほうがきついねン」
ダイ「先方の方が。熱い、高い（ふーん、なにも知らんと言うとれ）」
ラケ「そうやがな。こないだも、僕に言いよったで」
ダイ「なんぞ言うたか？」
○ダイ「あの女モノ言うのんか」、ラケ「言わいでか」、とも言える。
ラケ「ネーあんた、捨てちゃアいやよ」
ダイ「ありゃ」
○そんなこと言うの、という気持ちでいう。
ラケ「捨てたら、わたし死んで化けて出るわよ」
ダイ「ホ、ホー」
○「うまいこと言いよんなぁ」をバカにして奇妙な高い声でいう。
ラケ「なんじゃいオイ、そら」
○語尾に「オイ」というのはダイ・ラケの口癖かもしれない。
ダイ「相当、君は鼻毛を抜かれとんなぁオイ」
ラケ「え？」

○鼻毛抜かれてるテそれはどういうこと、という気持ち。
ダイ「女ちゅうもんは、最初、男にうまいこと言いよんねんテ」
ラケ「君は何ぞ僕に恨みがあんのんか」
ダイ「別に恨みはないのやけど」
○ここで気がついたのは、ダイマルはボケ役ではなく、ラケットを腹の中で笑っているために色々なオカシサが出ているということである。
ラケ「何のために僕の結婚にケチをつけんならんのや」
ダイ「いや、アノネ」
○ここで言うてしまおうかどうか迷った気持ちで。ラケはそんなことにはお構いなし。
ラケ「こら僕にとって一生の問題やデ」
ダイ「さ、君が一生連れ添う女房やから、僕が力いれとんねや」
○理屈からいうとダイが力をいれることではないのに。
ラケ「何も力いれてぇへんやないか。最初からクサしてばっかりやがナ」
ダイ「そうなるなぁ」
○普通「そんなことないがな」というところを、そばで見ている人のように言うている。

ラケ「いや、そうなるなぁとはどうや。僕が結婚すると言うたら、君は友達や」

ダイ「そうや」

ラケ「(少し不満) おめでとう、の一言ぐらい言うのが常識やないかい」

ダイ「ところがそう言わんのや」

○それが訳があってなぁ、という気持ちでいう。

ラケ「なんでや」

ダイ「と、いうのはやナ、僕にも恋人がおってなァ、もう結婚の約束がちゃんとでけとったんや」

ラケ「そら目出度《めでた》いことや」

○ラケが明るくいうのに対して、

ダイ「(少し調子を落として) それが目出度いことないのや」

ラケ「なんでや」

ダイ「今、君が言うたように、僕の彼女も、ネーあんた、捨てちゃいやよ。捨てたら、あたし化けて出るわ。こう言いやがんねん」

ラケ「なんやよう似た話やないか」

ダイ「（ラケの言葉を無視して）こう言われたら男ちゅうもんは弱いな。あれ買って頂戴いうたら、よしよし。これ買って頂戴いうたら、ええわい。月給のほとんどをつぎ込んで」

ラケ「（無関心に）ああそうか」

ダイ「仏壇まで売ってもたがな」

○Aはまさか仏壇まで売るとは思っていないから、意表をつかれる。ラケはそのAの気持ちと同じで、

ラケ「（ツッコミで）無茶したらいかんやないか」

ダイ「結婚の日取りもちゃんと決まっとったんや」

ラケ「フン」

ダイ「それでも逃げてまいよんの」

ラケ「逃げられた」

○ちょっと興味が湧いて。

ダイ「はいな。トホホホホ（嘘の嘆き）」

ラケ「そらまた、えげつない女やなァ」

ダイ「（嬉しい気持ちで）ハハハハ。アホらしいてアホらしいて」

ラケ「（ツッコミで）何を喜んどんのや」
ダイ「あんまり上手いこと逃げよったから」
ラケ「感心してる場合やあらへん」
ダイ「もう、そうなったら前途は真っ暗や」
ラケ「（その気持ち分かるデ）そらそうやろ」
ダイ「目の前が真っ暗やがな」
○さきに「前途」といっているから、ここでは「目の前」と変えている。
ダイ「ヒョッと見たら停電やオイ」
○Aは停電という発想は考えられない。ラケットも同じく意表をつかれたのである。
ラケ「何の話や、どないやちゅうのや」
○普通ではこの言葉はオカシイのだが、漫才の言葉のつなぎで使っている。
ダイ「さ、悄然と家を出て、どこを歩いているのか、無我夢中やナ」
○ここは真面目な喋り方で。
ラケ「（同情して）その気持ち分かるなァ」
ダイ「ひょっと気がついたら橋の上や。下に川がグーッと流れとるがな」

○「川がグーッと」というのもオカシイが、そこが漫才。
ラケ「そこで変な気を起こしたんと違うかオイ」
○そこで変な気を起こしたなら、ダイマルが目の前にはいない。だからここはラケのセリフはいらないと私は思うが、漫才は文章ではない。「変な気を起こしたがな」という言葉もなく、いきなりに、
ダイ「思い切ってガッバーンと（オーバーに）」
○飛び込んだように言う。
ラケ「飛び込んだか」
ダイ「（普通に）気を取り直した」
ラケ「はァ、やっぱりこの世に未練があったんやな」
○真面目にいう。それに対して、
ダイ「よう泳がんのや、僕」
○これが抑揚でいう「緊張の緩和」。真面目に話をしていて、それをオトス。
ラケ「（あきれて）はじめから死ぬ気はあらへんのや」
ダイ「（自慢げに）全然なしや」
ラケ「頼りないやっちゃなァ」

ダイ「彼女に復讐してやろと思うてな」

○「こんな思いをさせた女に復讐したろと思うてな」ではダイ・ラケのテンポに合わなかったのだろう。漫才の言葉は短いとテンポが出る。

ラケ「そら、そんな目にあわされて、黙って放っとけるかい」

ダイ「そうや」

ラケ「デ復讐したんかいな」

ダイ「せんと一服しててんねん」

○何の関係もない言葉でもダイがいうと生きてくる。

ラケ「(ツッコミで)一服してたらアカンやないかい。相手の居所が分からんのかいな」

ダイ「ちゃんと分かってんのや」

ラケ「乗り込んでいって、言うてやらんかいな」

○復讐するのに文句を言うだけではおさまる筈がない。言葉のチグハグなところが味。ダイ・ラケの味というものがいろんな所にあるのかもしれない。

ダイ「ところが彼女はネ、近々ほかの男と結婚しよんねテ」

ラケ「君を放っといて」

ダイ「(軽く)はいな」

ラケ「なおさら憎いやないかい」
ダイ「(調子外れの声で)なー」
ラケ「え?」
ダイ「こんなこと、こんなこと…(調子外れの声でラケットにつかみかかる)」
ラケ「(それには構わずに)ま、考えたら悔しい話やな」
ダイ「ほんまやデ」
○他人事のように軽くいう。
ラケ「で、ナニカイ、復讐したいちゅうのンかい」
ダイ「そらしたいわいな」
○これも真剣にならずに。
ラケ「復讐のチャンスが来てるがナ」
ダイ「どの辺に」
○キョロキョロとあたりを見回す。ここでラケ「何を探してるねん」、ダイ「復讐のチャンスを」、ラケ「そんなもんが落ちてるかい」、ダイ「けど、君がチャンスが来てると言うたやないか」とも言える。この場合、ラケットのセリフは「チャンスが落ちてたりするかい」と変えなければならない。

ラケ「(ツッコミで) どの辺にやあらへん。彼女が、ほかの男と結婚するのやろ」
ダイ「(軽く、間をとって) そうや」
ラケ「その結婚する相手の男にやネ、君のこと全部、言うたらええね」
ダイ「僕のこと (念を押す)」
ラケ「それがなによりの復讐や」
ダイ「そうやろか (言うてもええのんか、という気持ち)」
ラケ「(なにも知らないから力をいれて応援する気持ち) そらそうや」
ダイ「(サラッと) こないだ君が連れてた、あの女や」
ラケ「(自分の耳を疑う少しの間) あッ、あいつか!」
ダイ「ハハハ (笑う)」
ラケ「ああ、そうか (そう言われたものの「まさか」と思って、カッとならずに他人事のように聞いている)。こら意外やな。イヤ話は聞いてみな分からんもんやナ」
ダイ「(気のつくのが遅いなァという気持ちで) そうやろかな」
ラケ「君の振られた女が、つまりナニカ、僕の連れてたあの… (ここで気がついて) ちょっと待てオイ。うっかり聞いてたがナ」

○これで、前のところのラケットがダイマルの話をうっかり聞いていたのが分かる。

ダイ「なにおいナ」
ラケ「つまり僕の今の恋人が、君の前の恋人やないか」
ダイ「そうや」
ラケ「間違いないか」
ダイ「名前はマリコいうね。ことし二十一や」
ラケ「母親と二人暮らしで」
ダイ「酒呑みのなぁオイ」
ラケ「やっぱりそうか」
ダイ「そうや」
ラケ「そら知らなんだなァ」
ダイ「しかし復讐テ気持ちのいいもんやなぁオイ。ハハハ（笑う）、相手の男に、みな言うてもたってん」
○事実を明かされ、結果が出たのでAは笑う。
ダイ「相手の男の顔が見ィ…（てみたいわを言わずに、ラケットの顔をのぞきこむ）」

ラケ「（ムッとして）おい、君は一体だれに復讐したんや、オイ」
ダイ「言うてしもたった」
ラケ「肝心の女に堪《こた》えんと、僕に堪えとるやないか」
ダイ「そらどっちゃでもええ」
○どちらに堪えても復讐はできた。
ラケ「どっちゃでもええことあるかい」
ダイ「君が相手の男に言うてしまえ、言うたやないか（無理な弁解）」
ラケ「（そら言うたけど）まさか相手の男が僕とは思やへんがナ」
ダイ「（相手の無知を笑うように）僕は知っとった」
ラケ「知っとったとは、何と性《たち》の悪い奴やなァ。（気分を変えて）しかしネ、あの女がそういう女とは、知らなんだな」
ダイ「悪いやっちゃデェ（自分のことは棚にあげて）」
ラケ「君にそんな話を聞いた以上ネ、僕もこれ以上交際する訳にはいかん」
ダイ「そらそうやろ（当たり前や）」
ラケ「あいつとは絶交や」
ダイ「そうしィな」

ラケ「で、君の復讐を僕も手伝おうやないか」

ダイ「僕の復讐」

ラケ「こうなったら僕も意地や」

ダイ「やってくれるか」

ラケ「やる、やらいでか」

ダイ「あいつ殺すために青酸カリを用意してある」

ラケ「ちょっと待て、おい、無茶すな、オイ」

ダイ「無茶ァ？（なんで？）」

ラケ「相手を殺したら、君は罪人やデ」

ダイ「罪人テ？」

ラケ「下手したら死刑になるで」

ダイ「マ怖い、怖い（動揺しラケットに助けを求めるために、擦り寄って高い声で）」

ラケ「そらそうや」

○この言葉は落ち着いていると思う。ダイのセリフにすぐに「（ツッコミで）やってないやないか」が適当と私は思うが。

ダイ「（奇妙な声で、甘えるように）やめさしてよ」

ラケ「誰がせい言うた。そういう無茶なことしたらいかん。もっと、ほかに方法があるんや」
ダイ「なんぞあるか？」
ラケ「僕が今思いついたんはネ、昔の話にコノ、四谷怪談というのがあるのや」
ダイ「四谷怪談？」
ラケ「知らんかいな」
ダイ「四谷怪談知らん奴はおらんわい」
ラケ「あら有名な話や」
○これからやる、あることを教えてもらってもなかなか覚えられず、スカタンばかりやって笑いを誘うというのは、「天丼」といって、コントでよく行われる。古くは「金色夜叉《こんじきやしゃ》」の「熱海の湯」、歌舞伎の「お富・与三郎」、「国定忠治」の「赤城山」などの芝居がよく題材に使われた。「撮影所風景」として役者をはじめスタッフまでもがスカタンをやる。この場合、監督は「ツッコミ役」である。一人で説明すると話がまともになり、Aも退屈するので、ダイ・ラケ二人で説明するという工夫がある。
ダイ「あら伊右衛門とお岩やないか」

ラケ「お岩というのは伊右衛門の本妻や」
ダイ「伊右衛門というたら、二枚目の優男《やさおとこ》や」
ラケ「それに惚れたのが、旗本の娘でお梅ちゅうねん」
○筋の説明のときにはダイも真面目に説明して余計なことはいわない。Aを笑わしたら、肝心の筋がAに伝わらないから。
ダイ「さ、こうなったら邪魔になるのは、お岩さん」
ラケ「運の悪いことに、お岩さんが産後の肥立ちが悪うて、寝とったんや」
ダイ「それによく効く薬やと、持ってきたのが、南蛮渡来の毒薬。飲めばたちまち顔の相が変わるちゅうわ」
ラケ「知らんとお岩さんが飲んだちゅうとこや」
ダイ「たちまち目の玉がガッパー（オーバーに。手で目の玉を掴み出すしぐさ）、髪の毛がガッサー、鼻パー」
ラケ「大層に言うなちゅうのに」
○ラケットがこう言えるようにダイマルがやる。
ダイ「二目と見られん化け物みたいな顔になりろよった」
ラケ「そこで按摩の宅悦《たくえつ》がネ、何もかもその訳を話しよってん」

ダイ「お岩さん、口惜しいがナ」
ラケ「だまされたことが分かった」
ダイ「恨み死にに死んでいった」
ラケ「それが死んだだけならええねン」
ダイ「死んでしもた（そうか）」
ラケ「ああ死んだ」
ダイ「もうおらへん」
ラケ「そらそうや」
ダイ「もうしまい（短くはっきり）」
ラケ「しまいやないね、それからネ、夜が更けるとネ」
○ダイマルは気味が悪いので、空とぼけているものの、落ち着かない動き。
ラケ「おい、夜が更けるとやネ」
○ダイの動きに気がついて。
ラケ「何しとんのや。夜が更けるとや」
ダイ「（怖いので上の空）あ？」
ラケ「いや、夜が更けるとや」

ダイ「何遍？」

○できたら一遍にしてほしい。

ラケ「何遍ちゅう奴があるかいオイ。いや、夜はもう更けとんのや」

ダイ「（内心驚いて）もう更けた」

ラケ「ああ」

ダイ「更けた、更けた」

ラケ「更けた、更けたちゅう奴があるか。いや、もう夜は更けてしもたんや」

ダイ「更けっ放しや」

ラケ「更けっ放しやないがナ。夜が更けるとやネ、伊右衛門の枕元にやネ、死んだはずの」

○この辺のところは、ダイがずっと怖がっている気持ちを持っている。

○ダイ、怖いのでラケの話の邪魔をする（自分勝手な言葉をつぶやく）。

ラケ「やかましいわい。話がでけへんがナ」

○真面目に筋の話を長くやっていると、Aが退屈するので途中からダイが笑わす方に回っている。

ダイ「それから先、言わいでも分かってるがナ。また今晩夢見るわ（子供のようにセリフを言う)。これやがな(お尻を突き出し、両手を前へ。猿のような格好だが、ダイは幽霊のつもり)」
○この格好でAは笑う。
ダイ「夜中に一人で便所によう行かんわ。また布団の中でせんならん。おばぁちゃんに、また、ここへ(お尻をさして)大きな灸《やいと》すえられる。こないだ肩治ったとこやのに」
○これは普通子供のいうセリフで、それをダイがいうのでAは笑う。
ラケ「何を言うとんのや。アホやな」
ダイ「え?(ホンマのこと言うてそれがアホか)」
ラケ「つまりネ、お岩さんは伊右衛門にだまされた」
ダイ「(軽く)そうや」
ラケ「それが口惜しいから、伊右衛門のところへ化けてきよった」
ダイ「そういうことになるな(そら筋の通った話や)」
ラケ「ま、女の執念や」
ダイ「そやろか(怖いので信じたくない)」
ラケ「女に執念があれば、男にもあるはずや」

ダイ「いささか（少し）あるな」
ラケ「考えたら、君も彼女にだまされた」
ダイ「だまされた」
ラケ「くやしいやろ」
ダイ「残念なが（未練たらしいが）」
ラケ「ここで、君に死んでもらうのや」
ダイ「（うっかり）よっしゃ。…そんなアホなこと言うなッ。ようそんなこと心安う言うなオイ」
ラケ「なんやぃナ」
ダイ「せっかく本人が機嫌よう生きてるのに、死ねとはどうやい」
ラケ「いや、ホンマに死ぬのやない」
ダイ「ホンマやない？」
ラケ「死んだようにするのや」
ダイ「（わからんワ）どないせぇちゅうのんや」
ラケ「僕の友達に新聞記者がおるから、その男に頼んで、君が死んだように新聞に書いてもらお」

○新聞記者の友達。実に漫才は自由自在、だれでもひっぱってこられる。

ダイ「なんと言うて」

ラケ「(新聞を読んでいる口調で)失恋男の服毒自殺か、裏切られた女への面当《つらぁ》ての遺書を残して」

ダイ「なるほど(話の相槌)」

ラケ「で、君の写真を載せてもらお」

ダイ「僕の写真を(話の相槌)」

ラケ「その写真を持って、僕が彼女のとこへ行く」

ダイ「君が(話の相槌)」

ラケ「彼女が読んだらびっくりしよるわ」

ダイ「そらそうや(話の相槌)」

ラケ「胸に覚えがあるもんやから」

ダイ「(ラケの話にひきこまれて)どきーんと来るわい」

ラケ「だいたい、女というものは気の小さいもんや」

ダイ「(ラケの言葉にすぐにかぶせて)尻の大きいもんや」

ラケ「余計なこと言うな。で、彼女はネ、君が死んだもんやと思うてる」

ダイ「ああ思うてるやろ」
ラケ「そこで君の幽霊をこしらえる」
ダイ「粘土でかい」
ラケ「(あきれて) 粘土とはぇ、それどないすんねん」
ダイ「これ買うて頂戴」
ラケ「(ツッコミで) 誰が買うかい。君が幽霊になって彼女のとこへ行くのや」
ダイ「もうやめや」
ラケ「やめたらいかんがな」
ダイ「なんぼ復讐でも、僕は幽霊 (僕が幽霊になるとは)。いや (ラケの首をつかむ)」
ラケ「(絞められた手を解きながら) なにしとんのや。幽霊いややテ、人の首をしめる奴あるかい」
ダイ「いや (否定ではない)、幽霊、き… (きらいと言いかけて)、僕より君のほうがええ。君がやってくれ」
ラケ「僕がか? (なんで?)」
ダイ「なんぼか渡すわ」
ラケ「いや、なんぼか渡すテ (そらどういうこと?)」

ダイ「君は金で動く男や」
ラケ「（ツッコミで）誰が金で動くのや。だいたい、幽霊というのは痩せてるもんや」
ダイ「そうや」
ラケ「僕のように肥えた男が幽霊になれるかオイ」
ダイ「土左衛門《どざえもん》の幽霊」
ラケ「（かぶせて）土左衛門！　そんなもん気分がでるかい」
ダイ「あかんか（せっかく言うたのに）」
ラケ「やっぱり君がやらんと具合が悪い」
ダイ「僕がネ」
ラケ「君は僕より痩せてる」
ダイ「いささかはネ（自慢げに）」
ラケ「服装もこれではあかん。死んだときの姿でなけりゃいかん」
ダイ「経帷子《きょうかたびら》で、ここ（胸のところ）へ頭陀袋《ずだぶくろ》さげて」
ラケ「頭に三角頭巾《ずきん》つけて、な」
ダイ「気持ちがわるいなぁオイ」
ラケ「青い絵の具を顔に塗るのや」

ダイ「アイシャドーか」
ラケ「紅を口に垂らして」
ダイ「血糊《ちのり》やな」
ラケ「目の玉も出したほうがええな」
ダイ「ホナ、吸い玉かけて、ぱくっ（目の玉を引きずり出すように）。（気がついて）えッ、そんなことして目の玉出てもたら、どないなるねんな。跡さみしいて、しょうがあらへんがナ。ラムネの玉いれたら頭が重とうて、傾いてしまう（そのしぐさをしながら）。映画見にいったら、カラーの色が変わってしまいよる。（女の言い方で）いややわ、そんなん」
ラケ「だれが吸い玉で目玉出せ言いよんね」
ダイ「いま言うたがナ」
ラケ「いや、出たようにこしらえるのや」
ダイ「餅かなんぞで、な（ラケに承知してもらうように）」
ラケ「餅で？（それどないするねん）」
ダイ「腹減ったらそれ食べる」
ラケ「そんな卑しいこと言うない。芝居なんかで見るとネ、幽霊が出るのは大抵順序

　　　が決まってる」
ダイ「順序テなんや」
ラケ「最初に青火《あおび》が出る」
ダイ「青火て何やいナ」
ラケ「こら火の玉や」
ダイ「火の玉か」
ラケ「その次に、ボヤが出るわ」
ダイ「ボヤとは？」
ラケ「煙や」
ダイ「煙か」
ラケ「煙の間から幽霊がスーッと出て来る。それ、全部僕が仕掛けしとくわ。デ、君幽霊やったことあるか」
ダイ「(うっかり、ノリでいう) 三年前に…いや、やったことあれへん」
ラケ「経験がなかったらあかんわ」
○普通に「そんなもん経験した人間がおるかい」というと、次のダイのセリフが生きてこない。

ダイ「(疑問にも思うのだが) そやろか」
ラケ「彼女が見てやネ、本物の幽霊やと思わさな、いかん」
ダイ「(ラケの言葉につられて) 信用ささないかん」
ラケ「ちょっとここで練習しとこう」
○二人が会ったのはたしか道端であるが、Aはもうそんなことは忘れている。理屈では漫才はやれない。
ダイ「けいこか、オイ」
ラケ「今、仕掛けがないからネ、僕が順序を口で言うわ」
ダイ「どないやねん」
ラケ「青火がパー(しぐさ)、ボヤがポー(しぐさ) といく。ボヤがポーちゅうたら君が幽霊になって出て行く。そういう順序や」
ダイ「ああそうか」
ラケ「ええなァ」
ダイ「(感心して) なるほど」
ラケ「ホナ行くで」
ダイ「行こ、行こ」

ラケ「ええか」
ダイ「(面白くなったのか) ハイハイ」
ラケ「ハーイ (片手を下から上へすくい上げる)」
ダイ「ソッリャア (ラケと同じしぐさ)」
ラケ「ソレ」
ダイ「よいしょ」
ラケ「ハイ」
ダイ「どっこい」
ラケ「ソレ」

○うっかり相手の調子に乗せられて、同じことをする。これは「ノリ」といって漫才ではしばしば使われる技術である。つられて歌う場合、つい踊ってしまう場合といろいろある。

ラケ「それ、何やっとんのや。横からややこしいこと言うな。君は黙っとれ」
ダイ「(素直に) ハイハイ」
ラケ「ええか。青火がパー」
ダイ「(合わせる) 青火がパー」

ラケ「ボヤがポー」
ダイ「エヘヘヘ、おもろいわこれ」
ラケ「おもろいやあらへん。いや出て来ないかんやないか」
ダイ「なにか、もう出るのか」
ラケ「ここで幽霊が出るのや」
ダイ「あ、そうか」
ラケ「青火がパー」
○ダイマル、おかしな格好の幽霊で動きまわる。
ラケ「まだや、まだや、まだや、まだやちゅうのに」
○ラケット、ダイマルを何度も止める。
ラケ「まだボヤが出とらんやないか」
○この練習のところではダイマルは完全にボケである。
ダイ「まだ早かったんかいな」
ラケ「ボヤが出てからやないかい」
ダイ「もう、せっかく出てるのやから」
ラケ「何がせっかくやい」

ダイ「何ぞ鳴り物がなかったら出られんわ」
○ダイ「なんや君の言葉だけではたよりないがな」、ラケ「どないせぇちゅうねん」
と入れてもよい。
ラケ「そうか」
ダイ「幽霊もリズムに乗って出んことには」
ラケ「リズム？」
ダイ「出にくい」
ラケ「ああそうか。ホナ丁度ええわ。お囃子さんに頼んでナ。ちょっとコノ太鼓たた
いてもらお」
ダイ「そらええわ」
ラケ「その音に合わして出てくる」
ダイ「それなら幽霊が出やすい」
ラケ「そうしょう。（お囃子場に向かって）ホナ、すんまへんけど太鼓ちよっとたた
いとくんなはれ」
○ダイ・ラケ、お囃子場に頭を下げる。
ダイ「お願いします」

ラケ「（お囃子場に）順序覚えといとくなはれ。最初にわたしがネ、青火がパー、ボヤがポーと言いますわ」
ダイ「このアホが言いよる」
ラケ「だれがアホや。（お囃子場に）でボヤの次が太鼓でっさかいな」
ダイ「ボヤの次でっせ、ぼやァっとしてたらあきまへんデ」
ラケ「いらんこと言うなオイ。（お囃子場に）ホナ、行きまっせ。青（と言いかける）」
ダイ「（間をおかずに）あんた太鼓知ってなはるか、牛殺して革めくって」
ラケ「そんなこと言わいでもええ。だれが太鼓の説明せぇちゅうた」
ダイ「（念を押す）知ってなはるやろな太鼓」
ラケ「余計なこと言うな。ホナ、行きまっせ。青」
ダイ「（間をおかずに）ボヤの次にたたいて」
ラケ「そう、ボヤの次が太鼓でっさかいな」
ダイ「青火のときは早ぅおまっせ」
ラケ「青火でたたいたら、いけませんで」
○ここもダイにつられているノリである。
ダイ「青…」

ラケ「やかましいわい。一遍言うたら分かってるやないか」
ダイ「青…」
○繰り返しのギャグである。
ラケ「(強く)いらん。黙っとれちゅうのに。(つづけて)やかましいちゅうのに」
ダイ「何も言うとれへん」
ラケ「え?」
ダイ「言うとれへんがな」
ラケ「(ボケで)言わなんだか」
ダイ「こんな忙しいのん知らんわ」
ラケ「(弁解)そやけど、ほっといたらまた言うやろ思うて」
ダイ「アホなこと言うない」
ラケ「(ちょっと間をおいて)忘れてしもたやないかい」
ダイ「君が忘れたら何にもならんやないか」
ラケ「あんまり横からゴジャゴジャ言うからやがな」
ダイ「(青火を言い違えて)あわびが」
ラケ「鮑《あわび》? なにかい幽霊が出る前にアワビが出てくるのか」

ダイ「いやアノ、君が忘れたから言うたろ思テ」
ラケ「余計なこと言うな。（改めて）ワサビが」
ダイ「幽霊が出る前に、ワサビ出すのんか。ほんなら幽霊の刺し身、食べんならんやないか」
ラケ「君がアワビ言うからこうなるのや。青火がパー」
ダイ「（よくできました、というように）そうです」
ラケ「何が『そうです』や」
ダイ「今度はうまいこと行ったがな」
ラケ「黙っとれちゅうに。青火がパー、ボヤがポー」
○ここでお囃子もダイ・ラケと一緒に遊んでやれという気持ちで、大太鼓をドロツクドンドン、ドロツクドンドンとたたく。ダイマル、それに合わせて全身を珍妙な形で踊るように動く。
ダイ「何をさすねんな」
ラケ「お囃子さん、遊んでもろたら困りますがな。真面目にやっとくなはれ」
ダイ「たのんまっせ」
ラケ「青火がパー、ボヤがポー」

○お囃子が幽霊の出の太鼓ドロドロをうつ。ダイマル、真面目に幽霊の形をして動く。
ラケ「それでええのや。いや、しかし何やな、僕が見てても気持ちが悪かったな」
ダイ「そうか」
ラケ「君はよう似合うやないか」
ダイ「そんなもん褒めないなオイ」
ラケ「この調子でいこ」
ダイ「あれでナ。何時ごろに行く」
ラケ「夜の一時か二時ごろや」
ダイ「昼間にしてもらえんか」
ラケ「なんでや」
ダイ「夜中は怖いがな」
ラケ「そんなアホな」

落語の摩訶不思議

長いあいだ役者稼業を続けながらもわたしを「落語」に執着させたものは一体何でしょうか。落語の魅力か。いやそれなら芝居も落語に勝るものがあるのをわたしは知っています。それでは師匠の落語に対する愛情を、最後の弟子として受け取らねばと思ったのか、四代目師匠の教えを捨ててしまうことに逡巡したのか。

落語は昨日や今日できたものではありません。代々の師匠方・先輩が道楽稼業とはいえ、続けてきてくれたお蔭、いやその人達だけではない、その人を信じて支えてきた人、例えばわたしは四代目師匠の嫁さんの苦労をこの目で見てきています。その人に対してもわたしは落語を捨てられなかったのかもしれない。いや、「捨てられない」と断言できるほどの強いものを持っているわけでもありません。わたし一人で落語は続けられないのですから。落語を続けてこられたのは興行会社があってのことです。そうしたあらゆる恩恵のもとに落語を途切れとぎれであっても続けてこられたのです。

わたしは倅の明石家のんきも落語家にしたかった。ですが、現在、落語は流行っていません。倅は20%の落語家と自評しています。

なぜ落語という芸が世間に受け入れられなくなったのか。次から次へと目新しいものが出てくる世の中にあって「相変わりませずお古いところを」といっている感覚では世間から見放されていくのは当たり前ともいえます。

しかし、だからといってわたしは新作は好みません。新作には伝統がないからです。代々の師匠方の苦労が伝わらないのです。それでは馬鹿笑いだけで、「芸」の魅力というものがありません。わたしは師匠の落語の真似を今日も続けています。そしてその真似も十分にできない己を恥ずかしいと思っています。師匠の「芸」を残すなど不可能なことなのではないのか、そんな情けない気持ちになることもありますが、何はともあれその目標に向かって歩こうとしていることは確かです。落語はCDやDVDで覚えられるが、人と人との接触から生まれる、つまり言葉では言い表せないものがあるのです。

昔の落語の稽古といえば指導者と教えられる者が向き合って教えてもらうだけで、そこにはなんら科学的な指導法というものはありませんでした。それをわたしは四代目師匠からしてもらいました。そして生意気ではありますが、わたしも科学的な指導法をあれこれ考えていました。

最近、わたしが無理に頼んで稽古に来てもらった人があります。最初は昔どおりの「旅ネタ・播州巡り」をやってもらいました。これはテンポとリズムを覚えるために必要欠くべからざるものだと思っていましたが、今回の稽古によってその感をますます強くし、先輩の指導法に間違いのなかったことを改めて思いました。

落語の大きなネタといわれるものは芝居ができなければ駄目であると思っています。たとえば話術として、言葉の緩急・強弱・高低・遅速・大小などをいくら言葉でいってもわかりにくいものですが、歌舞伎の「恋飛脚大和往来」の封印切《ふういんきり》の場の、忠兵衛に毒づく友人の八右衛門のセリフ回しを聞かせたら、いっぺんにわかるのです。それができるかできないは本人の素質の問題です。明石家さんまは誰に習ったのでも教わったのでもない、天性のものが時代の風潮に合ったのです。昔ならあれは司会者ではないといわれたと思います。素質のないものがこの世界に入ったら悲惨としかいいようがありません。それならさっさと辞めさせるのが本人の為になるのですが、素質のないことに気がつかずただこの世界にいるという人もいます。これは誰の罪でもない自業自得でしょう。

最近こんなことを思っています。落語というのは「こんなものである」と言い切ることはできない摩訶不思議なものだと。

分け入っても分け入っても青い山　　山頭火

勉強すればするほど勉強することが見えてくるように思えるのです。

また「群盲象《ぐんもうぞう》を撫《な》ず」で、それぞれが「これが落語だ」と思ってもホントウの落語の姿を見ることはできないのではないかと。

落語で一番大切なことは「笑い」です。「笑い」のない落語なんか存在価値がないというより、あってはいけないものです。しかも、その笑いにも無理な笑いや嘘の笑いがあってはなりません。ごく自然にオカシイと受け取ってもらわねばならないのです。

歌舞伎役者の中村又五郎が本にこう書いています。

「歌舞伎の台本が伝統なのではなく、われわれの持っている芸が伝統なのだ。だからわれわれには出来ない芝居はない」

と。自分勝手に落語をやっていてはいつまでも足踏みしているだけで、前進を望むべくはありません。わたしは本当に幸運だったといつも思っています。名人笑福亭松鶴を師匠とし、理論家の四代目米團治師匠の指導を受けられたのですから。

わたしはいつまでも瑞みずしい落語をやっていきたいと思っています。

第三章

日々のこと

仏教について

「人間はなぜ生きねばならぬのか」

その答えを得るために相変わらず仏教書は読んでいました。『無門関』『臨済録』『従容《しょうよう》録《ろく》』『碧巌録』『驢鞍橋《ろあんきょう》講話』『大衆禅いろは碧巌』『盤珪《ばんけい》禅師法語集』など導いてくれそうな書籍を読んでみましたが、わたしには難解でした。子供の頃の日曜学校の教えも役に立ちません。そして今度は大変なものに出会ってしまいました。

「悟り」という言葉です。

「悟り」とは何なのだろうか？　一書には、荒波の打ち寄せる岸壁の洞窟で、坐禅修行をしていると、ある日、忽然として洞窟に光が射し込み、その瞬間「悟り」が開けたとあります。

また一つ悩みが増えたようでした。そんな毎日を過ごしていたある日、朝日新聞の日曜版の「心のページ」に目が吸い寄せられました。内山興正老師が「宿なし興道法句参」というのを連載していたのですが、そこには、こうありました。

法句＝「坐禅して何になるか？――ナンニモナラヌ。――このナンニモナラヌことが耳にタコができて、本当にナンニモナラヌことをタダするようにならねば、本当にナンニモナラヌ。」

（『宿なし興道法句参』内山興正、大法輪閣）

「坐禅をしてもなんにもならぬ」

これはわたしの心を打つ言葉でした。坐禅をしなければ悟りが開けないのなら、足の悪い人や、体に不具合があって座禅の組めない人は一生悩み続けなければならないではないか、そう思っていた天邪鬼なわたしの鼻先に、この新鮮な言葉が突きつけられたのです。

参＝「坐禅してもナンニモナラヌ」ということは、沢木老師の一生いわれつづけたことでありました。わたしは昭和十六年に老師の弟子にしていただいたわけですが、そのまもなくのころ、老師に随侍して歩いていたとき、「わたしはごらんのとおり意気地なしですが、これから何十年でも老師の死なれるまで、老師に随侍して坐禅していれば、ちっとはマシな人間になれましょうか」とおききしました。そしたら本師老師は即坐に「いや、いくら坐禅しても何んにもならぬ。わしだって坐禅したからこんな人間になったのではない。もともとこんな人間なので、昔も今もちっとも変わってはいない」といわれました。

ところでご承知のように沢木老師は豪快洒脱、しかもみじんもスキなく気合いのかかった人で、いわゆる禅僧のイメージをそのまま実現している人でありました。それでそのときわたしは「老師は口ではああいわれるけれど、坐禅していればちっとは何んとかなるだろう」と、そういうつもりで老師遷化の日まで随侍しつつ、坐禅修行してきてしまいました。

ところが昨年十二月二十一日老師遷化――そろそろ一周忌となるわけですが、老師遷化以来、わたしも過去をふりかえって、坐禅して何かになったかを考えてみましたら、はじめに老師がいわれたように「本当になんにもなっていなかった」ことだけがよくわかりました。わたしは依然として意気地なしであり、すこしも老師みたいな人間にはなっていませんでしたから。

それでわたしは結論をくだしました。「スミレはスミレの花が咲けばよし。バラはバラの花が咲けばよし。スミレがぜひともバラの花を咲かせねばならぬと思わなくてもいいんだ」と。

法句＝「みんなちがった業《ごう》をもっているのだが、みんながおなじく仏さんにひっぱられてゆくことが大切だ。身心脱落とは我《が》のツッパリをすてて、仏の教えを信じ、仏さまにひっぱられてゆくことである。」

（同書）

わたしはこれを読んで生意気にも「これはホンモノだ」と思ったのです。さっそく内山老師がおられる京都北山の玄琢《げんたく》にある安泰寺へハガキを出しました。

老師からの返事はすぐに来ました。「何かご相談事でしたら、朝は散歩に出て不在ですが、何時頃ならお会いできます」という丁寧な返事でした。

そのお言葉に甘え、わたしは朝早く家を出て安泰寺に向かい、老師に挨拶しました。こんなところは子供の時からお寺に馴染んでいるので慣れたものです。老師の提唱は正法眼蔵をかみ砕いて話されるのでよくわかります。それから一度坐禅をしました。前に吊ってある紙の皺が、女性のヌードに見えたり、足が痺れてきて汗が出てきたりしました。友達にこの様子を話すると、「それは我慢大会や」と笑われました。

老師の提唱は必ず聞くことにしましたが、老師が隠居されてからは、もっぱら老師の提唱が本になっているので、それを読むことにしていました。

老師のいつも説かれることは、「頭の手放し」つまり「思いの手放し」が主になっていました。

「われわれの頭の中に浮かんでくるのは、本当の生命とは関係のない思いだ」

とも説かれていました。

「外は嵐、コップの中は何ともない」

という絵がありました。人は本当の生命を忘れて、環境という嵐の中で、女が欲しい、金が欲しい、損はしたくない、そんな思いを追いかけて悩んでいるのです。老師はそれを、「頭の思いを手放す」といわれているのです。

内山老師は、難解に書かれている禅の教えを、誰にでも理解できるやさしい言葉で、分かりやすい例えを用いながら説いてくれました。


『盤珪禅師法語集』の中にこんな話がありました。

一人の僧が尋ねました。

「わたしは生まれつき短気でございますが、これはどうしましたら治るのでしょうか」

禅師は、

「いま短気をもっているのならここへ出しなさい、治してあげよう」

といいます。僧は、

「いまここにはございません」

と答えます。禅師は言います。

「短気というものは生まれつきではありません。自分の思いで短気を出すのです。生命というものは何も持っていないのです」

するとと、僧は深く感謝して立ち去ったとあります。


こういった本を読みながら、わたしは迷っていたのです。

内山老師は、

「床の間に棺桶を置いて、腹が立ったらその中へ入って死んだということにして世間を見てみなさい」

と説かれました。

私は目が覚める思いでした。

いえ、迷いの目が覚めたというものではありません、迷いはたえずわたしの頭を揺すりますが、そんなときには内山老師の「頭の手放し・思いの手放し」を思い出すことにしています。

内山老師が裏の竹やぶに筍が出ていたので、明日掘り出して食事のお菜にしようと楽しみにしていたところ、翌日竹やぶへ行ってみると筍が盗まれていたそうです。そのとき老師は盗んだ人を「殺してやりたいと思った」そうです。

この話を知った桂枝雀が「あんな人がそんなことを？」と老師の人物を疑ったようにいいましたが、これは枝雀が一人合点で悟りを開いた人はそんなことに腹を立てたりはしない、そう思っていたからでしょう。

老師の「腹が立つ時は誰でも腹が立つ、ただそれを実行しないだけだ」と話されているのを見逃していたのです。

老師の話は「頭の手放し・思いの手放し」が提唱の全体を通しています。人間は何もしていない時でも、頭の中にはいろんな思いが渦巻いているのです。嘘だと思うなら、正座を二十分くらいしてみるとよく分かります。雑念といわれるものが渦巻いているはずです。この雑念が雑念ではないということを、わたしは太田久紀『仏教の深層心理——迷いより悟りへ・唯識への招待』で知りました。雑念と思われているものは、人間の目・耳・鼻・舌・身の五感の奥に、無意識・末那識《マナシキ》・阿頼耶識《アラヤシキ》という全部で八つの意識のあることを知りました。この本には人間の創成期からのいろんな記憶がわれわれの頭の中に流れていると書かれています。一般的には「遺伝」という言葉でいわれているものだと思います。

内山老師の「頭の手放し・思いの手放し」に触れてから、わたしは「暇」とか「退屈」したことはありません。ボーッとしている時は、「今は休憩させてもらっているのだ」と思いますので「暇・退屈」することはありません。家内と同じ作者（三島由紀夫）の本を読んでいますので、話題がないということもありません、家内と時間の経つのも忘れて本の内容を話し合うのですから。あっ、惚気《のろけ》になりましたでしょうか、そんなつもりでいったのではありません。

また内山老師はこう提唱されています。

人間というものは「屁一つ貸し借りできない存在である」と。

これに似たことが岡田晋『シナリオの設計』の中にあります。


たとえば、私たちの前に一個のコーヒー茶碗がおいてあるとします。それは液体を満たすまるい容器であり、手にもつための把手がついたものです。私はこのものを「コーヒー茶碗」だといってあなたに伝え、私自身「コーヒー茶碗」として納得します。その過程において、なんの疑問もおこりません。

だが、よく考えてみますと、こうした操作は「コーヒー茶碗」という言語があってこそ可能なのです。この容器を「コーヒー茶碗」と名づけ、お互にそう呼ぶ約束が、あなたと私との間にあるからこそ、コーヒー茶碗はコーヒー茶碗として理解されたのです。いいかえれば言葉は社会と歴史がつくり上げた協定であり、約束の上に成り立つ意味であり、そこに存在するものとは何の関係もないでしょう。

実際、言語がなくてもコーヒー茶碗はものとして立派に存在します。ぼくたちはまずものを見る、さわってみる、使ってみる、次に言葉をさがす、あるいは言葉をつくる、そして言葉をあてはめる。一個の容器が「コーヒー茶碗」となるためには、私とあなたの間に、共通の現実体験と社会的基盤——たとえば、この容器でコーヒーを飲むことを理解し得る生活と言葉が通じあう結びつきがなければ、言葉は何の意味ももたないでしょう。さらにものがそこにはなく、「コーヒー茶碗」という言葉から一つの容器に対する共通のイメージをもつためには、言葉を理解する一そう強い関係が必要です。いいかえれば、言葉=言語とはものと全く関係のない、抽象的な意味なので、意味がわからなければ、イメージも生れない。そしてこのイメージは、当然抽象的だし、漠然としています。シナリオ作家が自分を表現するために使う材料——言語とは、本来こうした性格のものです。

(『シナリオの設計』岡田晋、ダヴィッド社)

内山老師もこのことを「自己曼画」と題して絵にしています。「各々のアタマはコトバによって通じ合う」と、四人の人の簡単な絵の頭に一本の線が引かれ、通じ合うことを示しています。四人の頭を楕円で囲み、その中に、「通じ合う世界、ヤリトリ、貸し借り」と書いてあります。

次に簡単な舞台の絵の中で、「逃げたり追ったり」としてあって、金・幸福を追う人、貧乏・不幸から逃げ出そうとしている人の絵が描かれています。

次は頭に展開する宗教同士の争いの絵です。最後には舞台上でそれまでのことをひっくるめて、アタマとし、その下に坐禅をしている首から下の絵があります。

まあ簡単に言えば頭の思いに振り回されて生きているのが我々だということです。頭の思いを手放せば、なんともない世界なのです。

倅に赤ん坊が授かりました。この赤ん坊が「父親・母親」と認識するのは、両親がそう教えるからで、それを教えなければ、この二人は一体誰だろうと思って生きるかもしれません。

この人は「お祖父さん・お祖母さん」ですよと両親が教えるから、赤ん坊は「お祖父さん・お祖母さん」だとわたし達二人のことを認識します。そして区別するということも覚えてくるのですが、これは「ことば」というものがあるので区別できるのです。

しかし、この「ことば」も違う言葉を使う外国人には通じません。「ことば」というのは約束事で、お互いがそのことを認識しているから「はなし」が通じるのです。

わたしの稼業をとってみても、お客さんが落語の中に出てくる「ことば」を知らなければチンプンカンプンです。お客さんが落語に出てくる「ことば」を理解していればこそ、落語家の喋ることにお客さんは反応して笑うことができるのです。

そしてこの「ことば」の通じる世界ができると、「やり取り・貸し借り」を「ことば」を利用して行えるようになるのです。

この「ことば」というのは「頭のわきにでてくる」ものです。人間というのは「幸福」を求め「不幸」から逃れたいと思います。「お金がたくさん欲しい」「貧乏はいやだ」というように、ホントウの命とは関係のない「頭から湧き出してくる思い」に振り回されて、それを追っかけたり、逃げようとして苦しんでいるのが人間の姿なのです。

これを「煩悩」というのだそうです。仏法に「唯識論《ゆいしきろん》」というのがあります。これは人間の深層心理を白日のもとに晒したものといえます。

人間の心の奥に「阿頼耶識《アラヤシキ》」という、人間創造期からのいろんな事を蓄えているところがあって、その次に「末那識《マナシキ》」という、「阿頼耶識」の中から自分の都合のよいことばかりを取り上げて、これを「無意識」に伝えるのです。

この「無意識」というのは「末那識」を至上命令だと思って何事にも服従する働きをもっています。そして「末那識」の取り上げたものを、そのまま「無意識」に伝えると、「無意識」はこれを「五感（見る・聞く・匂いをかぐ・舌で味わう・体で触れる）」に伝えて人間はそれを行動にうつすのですが、それは全くホントウの生命とは何等の関係もなく、ただ「頭に湧いてきた」ものに動かされているだけなのです。

それを内山老師は「頭の手放し」と言われているのです。「汝ら、神の前に静まれ」というのも、煩悩に振り回されている己に気がつきなさい、ということでしょう。以前に奈良女子大学の学長が「小説は頭の濁りを書いている」といっていましたが、まさにその通りです。いまはありませんが、大映の社長だった永田雅一が「映画は男と女がゴチャゴチャしたらお客が喜ぶ」といっていました。「脳の濁り」をお客は喜ぶというのです。これは映画事業者として名言だと思います。

永田町を見ていてもそれがよく分かります、勢力争い、政治資金の奪い合い……、誰でしたか、永田町には幽霊やお化けが住んでいるといい、また永田町は魑魅魍魎《ちみもうりょう》の世界だといった人もあります。

権力争いにほうけていて政治というものが行われるのでしょうか。あの人達は家柄といい学歴といい素晴らしい出身で、頭も良いと思うのですが、ホントウの「頭の良さ」という点から考えると、首をかしげたくなります。

もしかしたら彼らは「煩悩」に振り回されることを楽しんでいるのかもしれません。ホントウの生命というものは、鏡のように清浄無垢であるものです。

山田無文老師も「心は清浄なもので、鏡とおなじように前に来たものをそのまま映すだけで、そのものが去った後には何も残していない」といわれています。

鏡はなにものにも拘りません。前に立ったものをそのままに映すだけです。それが去っても後を追ったりはしません。去ったらまた元の鏡になるのです。この鏡のようになれたら人生はどれだけ楽しいものになるでしょう。わたしにはそれができないのです。できないので「提唱」を聞き、本を読み、いつも自分にいい聞かす姿勢を持っていますが、これも完全無欠という訳にはいかないところが、誠にお恥ずかしい次第です。

また、道元禅師の「畢竟《ひっきょう》して何の用ぞ」という提唱にも、内山老師がわかりやすく説かれています。

「勉強するのは畢竟なんのためか」

「一流大学へ入らんがためなり」

「一流大学へ入るのは畢竟なんのためか」

「一流会社に就職せんがためなり」

「一流会社に就職するのは畢竟なんのためか」

「妻子を安穏に暮らさせんがためなり」

「妻子を安穏に暮らさせるのは畢竟なんのためか」

ここまで問い詰めていかねばならないのです。実際、実行はなかなかできるものではありませんが、老師の言葉を日々思い出しながら生活していくようになりました。


「人間はなぜ生きねばならないのか」

そう思い続けてきたわたしはつまり、自惚れていたのです。この問いをもっている自分は、世間一般の人間とは違う、

「俺は賢いからこんな問いがでるのだ」

そう思っていたのです。自分で生きていると思っていたのです。ですが、内山興正老師の本を読んでるうちに、人間は「生かされて生きている存在である」ということを教えられました。えらそうな顔をしていても、空気がなければ生きられません。水がなければ生きては行けぬのです。つまり天からの授かりもので生かされているのです。それに気がつかないわたしは愚か者でした。「生かされて生きている」のであれば、「なぜ生きねばなら

ぬのか」という問いは無用なのです。

自分が生きていると思っていたから、辛いこと、苦しいこと、悩みがあると、「なぜ生きねばならないのか」という不逞な思いが出るのです。「生かされている」のなら何があっても、それをそのまま受けとるしかありません。もがいてみても始まらない。これを親鸞聖人は、

「自然法爾、あるがままにあらせられる」と言われたのでしょう。

前にも紹介しましたが、山田無文老師の『碧巌物語』の第二十六則「百丈大雄峰」に次のような話があります。

この百丈禅師にある時一僧が訊ねたのである。「如何なるか是れ奇特の事」と、仏法のギリギリ有り難いところは何でありますかと。

（中略）

「わしがここに坐っておることサ」。

何とすばらしい名答ではないか。

（『碧巌物語』山田無文、大法輪閣）

ここを読んだときにわたしは「そうだった。わたしがここに存在していること、これがギリギリありがたいことだ」と胸にこたえた。ですが次がわかりません。

よく見れば薺花さく垣根かな（芭蕉）
爪切った、指が十本ある（放哉）

この驚異と感激のない者には、宗教はおろか俳句の門さえ開かれないであろう。
（同書）

これがわかりませんでした。この俳句に驚異を覚えることはできませんでした。それから長い時間が経ち、池田晶子さんの『14才からの哲学』を読む機会が与えられました。その中に「当たり前の事が不思議」とあります。そこで初めて気がついたのです。気がついてみると、この世は「不思議」でつつまれているのです。一木一草、不思議でない者はない。わたしはいままでどこを見ていきていたのか、そんな思いがしました。

また、第三十二則の「定上座臨済に問う」には聖徳太子の言葉がひかれていました。

「人皆心あり、心に各々執るところあり、彼が是とするところは、我が非とするところなり。我が是とするところは、彼が非とするところなり。我必ずしも聖にあらず、彼必ずしも愚にあらず。共に是れ凡夫のみ。是非の理、たれか能く定む可けんや」といとも親切に示されて、反対の意見に感情的にならぬこと、寛容であること、互いによく話し合って協力すべきことを、論されておりました。

これを読んで今までの自分の生活ぶりを反省したのですが、凡夫の悲しさで無頼の生き方は簡単には直りませんでした。

内山老師が安泰寺を隠居されて木幡の方へ居をうつされた後しばらくして、京都五条の宗仙寺で「提唱」をされるのを知り、家内と二、三度伺ったことがあります。

内山老師は「提唱」でこう言われています。

欲にしても、たとえば、今、ふと、デパートへ行ってみたいと思い、デパートへ行って陳列につられて何か買い物がしたいなどと思うのは、偶然です。

ところが、そういう偶然も、このオレがそう考えればこそ偶然なのだけれども、このオレの考えを外したら、何から何まで一微塵といえども、偶然というものはないに違いない。

（『正法眼蔵八大人覚を味わう』内山興正、柏樹社）

超個的生命という絶対地盤からいえば、そう思うと思うまいと、信じようと信じまいと、否定しようと肯定しようと、すべてこれ以外にはありえない絶対事実です。オレという立場からみればこそ偶然としか思えませんが、一切をひっくるめて、オレの立場をはずせばすべて絶対事実なのであって、そういう絶対事実のところに落ち着くことを、

「澄浄《ちょうじょう》」

という。

これが四聖諦でいう「道諦」です。

坐禅の狙いにも、この「澄浄する」ことにあります。

即ちあらゆるものを分泌物として、アタマを手放したところで観るのです。坐禅をするというのは何も考えないということではありません。何も考えが浮かばない、分泌物が出てこないというのでは、既に死んでしまっているのです。生きている以上は、アタマからでもどこからでも分泌物は出てくるのです。

いまの人達は人間の考えはたいしたものだと思っているが、それはアタマの分泌物でし

かありません。

坐禅では、そのアタマの分泌物を「ははぁ、分泌しているなぁ」と手放しのところで見渡すのです。

「静寂、無為、安楽を求めんと欲せば」とありますが、それは欲してもできることではない、坐禅ではそう欲する思いさえもひっくるめて、一切の分泌物を分泌物として見渡すのです。アタマを手放しにして、ただ坐禅という姿勢にまかせてただ座るのです。

これがわれわれの坐禅です。


忘れていましたがこんなことがありました。信用金庫から人が来て「戦時中に徴用されていたのなら、厚生年金がもらえます」といったのですが、わたしには何のことかわかりませんでした。その人がいろいろ手を尽くして調べてくれたところ、神戸の須磨の保険組合にわたしの名前があったということでした。三菱の会社が労働保険を掛けてくれてたのです。これも後一年で無効になるところでした。そのときに西宮の保険組合へ申告に行きましたら、係員が自分のお金を出すわけでもないのに不機嫌な顔で対応していました。厚生年金をもらっている芸人というのは珍しいのではありませんか、これも「運命」でしょう。

こんな話があります。尼崎に住んでいる姪の亭主の命日に久しぶりに会いにいきました。ちょうどお坊さんがきて阿弥陀経をあげていいました。お勤めがおわったのでわたしは意地悪く「いまのお経はなんというお経ですか?」と尋ねると、坊さんは「阿弥陀経といいます」。わたしが「何が書いてあるのですか」と尋ねましたら「死んだらこういう結構な極楽へ行くのですというお経です」といいましたので、「死んでから極楽へいってもつまりませんがな、いまが極楽やないと」というと、坊さんは「勉強不足でした、勉強してきます」といって帰っていきました。わたしは姪に「あんな坊主にお布施なんか出すのはもったいないがな、もう断ったらどうや」といいました。「叔父ッさんは勉強してんねんな」と姪はいいましたが、この頃は坊さんもアルバイトがあるらしく、お勤めが夜になると延長料金をお寺に請求するらしいです。わたしは子供の時にはこの「阿弥陀経」や「正信偈」は暗記していて本なしであげられたのです。

酒にまつわる思い出、家内のこと

わたしは酒を随分呑みましたが、気に入らぬことがあって憂さ晴らしにお酒を呑んだことはありません。

お酒を一杯飲んだ時のあの心地よさ、それの魅力にひかれて一杯が二杯になりポーッとなって世間がピンク色に見え出す頃には銚子が五、六本並び、それからは愉快になって酒が酒を呑むという状態になるのです。

お酒をやめてから気がついたのですが、それまでのわたしは喫茶店へ行くということを知りませんでした。コーヒー一杯が何百円、それならお酒二合呑める、コーヒーでは世間はピンクにならないが、お酒はその色と気分にさせてくれる、そう思いながら深酒になり、翌日には二日酔いの嫌な気分を身に染みるほど味わされたのです。

こんなことがありました。それはなんば花月でのことでした。わたしは酔っていましたので、自分では洒落のつもりでしょうが「笑福亭松之助です」とだけいって高座をおりたのです。これには先例がありました。東京の柳亭痴楽師匠が掛け持ちと仕事で忙しい時に、名ビラをもって客席に向かって、自分の鼻の頭を指さしてその指を名ビラの方にもっていってヘコヘコと頭を下げながら高座を通り抜けたというのです。それを一度やりたいと思っていたのが酔った勢いで実現したのですが、わたしの後の中田ダイマル・ラケットさんが慌てて舞台用の衣裳に着替えながら楽屋から走ってきたのを覚えています。それ以後、ダイマル・ラケットさんはわたしの後の出番のときには「こやつは何をやるか分からないから」といって、わたしが舞台へ出るとすぐに支度をするようになりました（結構なことではありませんか）。

以前から家内のいうことには逆らわぬようにしていましたが、病気になってからはますます家内のいう通りに動くようになりました、というのはアパートの敷金も、今住んでいる家の敷金も家内が出しているので、大きな啖呵が切れないのです。十八歳も歳の離れた家内に扶養されていた時もありました。でも時々は夫婦喧嘩もします。そんなとき家内は家を出ていきます。そしてしばらくしてわたしもその後を追うようにして家内を探しに出ていきます。不吉なことを考えてしまうからです。もしもそんなことがあったら、さんまの名前が出て大騒ぎになるのではないか、葬式はどうしたらよいのか、そんな心配をしながら足を引きずって家へ帰ると、何気なく開けた洋服タンスの中に家内が隠れていたりするのです。これには呆れるとともに笑いが堪《こら》えられませんでした。

同じように夫婦喧嘩で、一メートル先が見えない霧の深い夜に出て行った家内を探し回ったこともあります。しかし行方は例によってわかりません。途方に暮れて警察へ頼みに行きましたら「出ていけッといったのだろう」といわれたので「いえ、そんなことのいえる分際ではありませんので」と答えさせられる羽目になりました。とんだところで面目は丸潰れです。このときも家に帰ったら家内は押入れの中に隠れていました。

離婚するという話が持ち上がりました。家内が離婚届をもって役所へ向かったので心配になって後をつけ、役所の表で見ていますと家内は役所の中を素通りしていきます。やれやれと思いました。

京都花月の出番の時に家を空けました。そして女性と楽屋入りの道を歩いていると、後ろから「お父ちゃん」という声がしました。その声は間違いもなく倅の声でした。「しまった」、そう思って足を早め、女性にすぐに帰るようにいって楽屋入りをしたのですが、その後が大変でした。賀茂川の辺の旅館に家内と子供を連れて行きましたが、家内はカンカンに怒っています。わたしは平身低頭しながらも「あの女性は君よりも古いねん」といいました。まあなんと愚かな言い訳でしょう、その晩は謝り続けてなんとか許してもらうことができました。

また他の女性を誘ってドライブに出かけたこともあります。家内には男友達と行くといってありましたが、女の勘というのは鋭いもので、車の中に赤い毛糸があったのを見つけたのです。それを追求されてグゥーの音も出ませんでした。家内は東京のさんまに電話で事の一部始終を話してしまいました。その後でテレビの仕事でさんまと一緒になりましたが、女性問題の話が出たときにさんまがわたしの顔を見てニヤリと笑いました、わたしも笑いました。そうするより仕方がないではありませんか。そんな訳で家内には頭が上がらないのです。

種のない手品

わたしの家の本棚には『奇術と手品の習い方』『即席マジック』『トランプ奇術の演技』『トリックものがたり』『トランプマジック』『トリックの心理学』『魔法の心理学』等などの本が並んでいます。

わたしが子供の頃から手品に興味をひかれていました。演芸場の舞台で披露されるトランプマジックに好奇の目を開かせていたのです。手先から繰り出される何枚ものトランプ。手の後ろにトランプが隠されているのはわかっているのですが、それが見えない不思議さ。自分も手品師になって神秘の世界にお客を引き込みたい、そんな思いに駆られていたものです。

わたしは仕掛けのある手品よりも、技術で見せる手品が好きでした。神戸大空襲がなかったら一陽斎都一の弟子になっていたでしょう。

さんまが売れる前に手品の種をこしらえてやったことがあります。彼は怪訝な顔をしていましたが、わたしは「なんでもやっとかなあかんねんで」と言い聞かせました。

この間、孫に親指の先が抜ける手品を見せてやったら、孫は不思議そうにして自分の親指を引き抜こうとしていました。両親やお祖母さんの親指も抜けるのに、なぜ自分だけが抜けないのかと不思議そうな顔をしていました。

水に戯れる楽しさ

酒をやめてからプールに通うようになりました。毎年行われる「マスターズ競技会」では、地方大会の自由形100メートル、200メートルで一位になり、全国で六位、七位にもなりました。トップ10に入るとキーホルダーがもらえるのですが、それを手にすることができました。

車の免許も取りました。「ベスパ」というオードリー・ヘップバーンが『ローマの休日』で乗っていたバイクを買い、街中を走りまわりました。

三味線と長唄の稽古にも通いました、酒をやめたことで、これだけすることがたくさんになったのです。銀杏が芽をふくらませているのも見えました。内山老師のいわれた「まっさらな目」で見ることができるようになってきたのです。

最近、肥満になって、プールで泳ぐ姿がイルカの様だと家内にいわれたのでプールを一時中断し、ダイエットDVDやスポーツクラブのマシーンに手を出したところ腰を少し痛めてしまいました。しかし、なんとも都合のよいタイミングで、わが家に寄生し続けている次男が整体師の資格を勉強しており、簡単に治療を行ってもらえるのですが、次男は「資格を取るまでは無料施術ですが、これ以降は料金をもらいますよ」と吐かすのです。「偉そうにッ、家賃とビール代を払ってから言えッ」、そう思いますが、家で家内と施術ごっこをしているのを見ると楽しいものです。

子供の頃、父親に連れられて須磨の海水浴場へ行ったことがあります。日中は日照りがきついからというので日が落ちてから母親と三人で出かけました。周囲には人影が見当たりません。子供のわたしには少しも楽しくない海水浴でしたが、父親の背中につかまって沖へ連れていかれたのを覚えています。

わたしの泳ぎは蛙泳ぎという泳ぎです。夏になるとオープンのプールへ行き、一時間かけて1000メートルを泳いでいました。

人にすすめられて近くの室内プールへ通うことになりました。競技用のパンツをはいてプールサイドに行くと、女性の肌も露わな水着姿に目のやりばに困ったものです。ですが、よくよく見れば中年過ぎの女性ばかりだったのでがっかりしました。

そこで自由形で泳ぐことをすすめられました。自由形は速く泳ぐものだと思って、無暗に手足をバタつかせましたが、前へは進みません。自由形は速く進む泳ぎ方だと気づいたのは少し後のことでした。

はじめは25メートルが泳げませんでした。プールの中ほどで息切れがして立ち上がってしまうのです。水泳の本を買ってきて自由形の泳ぎ方を学び、どうにかこうにかして25メートルが泳げるようになりました。その後ターンを覚えていつしか50メートル泳げるようになっていました。

水泳の醍醐味は水の中に浮かんでいることでしょう。誰かが書いていましたが母親の羊水に浮かんでいるのと同じ感覚のようです。たしかに水の中にいると何かに抱かれているという安心感があります。

阪神大震災で市立の室内プールが破損してしまったので、別のプールを探さねばならなくなりました。しかし、当時はプールの全盛期で、どこのプールも会員制で高い入会金を払わなければなりませんでした。これでは泳ぎをやめなければならないのか、そう思った時に、なんと武庫川を東へ渡ったところにマックスポーツプラザ武庫川を見つけました。入会金なしの会員制です。そこへ通いはじめました。

一年経った頃にマスターズ競泳会に出るようにすすめられました。クロールの25メートルに出場しました。号砲とともにプールに飛び込んだ途端にゴーグルが外れるアクシデントが発生しました。その無様な格好を見られたくない一心でそのまま顔を伏せてゴールしました。結果は二位でした。銀メダルをもらいながらオリンピックでメダルを貰ったように思いました。それが病み付きとなってこれ以後は各地のマスターズ競泳会に出るようになりました。

なかでも印象に残っているのは、六十八歳の時に、大阪会場で100メートル自由形を1分22秒64で一位、200メートル自由形を3分09秒72で一位になったことです。全国の同じランクで六位になりました。七十八歳のときには、JSCAマスターズ水泳通信記録会で1500メートル自由形で34分50秒89の記録を出しました。

水泳では苦い思い出もあります。京都大会で50メートルのバタフライに出たのですが、ターンの失敗で失格になってしまったのです。この鬱憤は別の大会で同じ種目に挑戦して三位に入って晴らしました。

2010年6月23日、日本スイミングクラブ協会からベストスイマーに選ばれました。これほど嬉しいことはありません。長年の努力が実を結んだのですから。

それからは健康のためにと毎日プールに通っていますが、いまは50メートルずつ区切って300メートルを泳ぐのがやっとという体たらくになってしまいました。麒麟も老ゆれば駑馬《どば》、いやイルカも老ゆれば金魚である（そんなええもんか、すんまへん）。

八十歳を過ぎてからも毎日、50メートルを十本泳いでいた時期がありますが、健康な体を与えてくれた両親には感謝しています。

家庭料理のコツ

家庭では料理屋で出されるようなものを毎日食べるわけにはいきません。そんなことをしていたらすぐに家計は破綻してしまいます。一汁一菜に毛の生えたようなものがいつも変わらない食卓の風景です。

家庭の食べ物は商売人と違って毎日味が変わるところに面白さがあると思っています。家内が「うどんすき」の鍋で焼き飯をこしらえたのには驚きました。

わたしは料理もしますが、朝、家内より少し早い時間に目がさめるので、朝食の用意をするくらいのものです。朝食はわかめの味噌汁に納豆と漬物というものですが、これがなかなか手の込んだ代物で、わかめは山口県から一年分送ってもらいます。味噌もあっちこっちで買ってみたもののどうしても口に合わなかったのですが、取材で行った京都の北山の味噌が口に合ったので、そこから味噌と醤油を送ってもらっています。

醤油出汁も割烹店で教えてもらった方法でこしらえています。北山の醤油に鰹節をかいて、羅臼の昆布を使ってこしらえるのです。添加物は使いません。この出汁に味醂を加えるとそばツユになり、酸味を加えるとおいしいポン酢ができます。寒い冬には毎日のように鍋物をしますので、これなら手間がかかりません。

それから一つ、我が家の自慢は「お好み焼き」があります。戦争中、「お好み焼き屋」をやっていた経験から、どうしても自分流の「お好み焼き」でないと満足できないのです。この「お好み焼き」がＮＨＫの番組に出ることになり、鉄板が東京まで運ばれました。微塵切りにしたキャベツの他、野菜たっぷりの「お好み焼き」です。ソースも辛いものを使いたかったので、一時京都のメーカーから取り寄せていたほどです。

しかし、食べ物は感謝して食べれば何を食べても美味しいものです。戦争中に雑草を食べていたのですから。

絵

「絵というのは自分が良いと思えばそれでいいので、他人がいくらほめても自分が感動しなかったら良い絵ではない」

鑑賞眼のなさを自覚するわたしに家内がこういってくれたので、それで安心して絵画の展覧会に行きました。

初めて見る油絵にはたいそう驚かせられました。少し離れてみるときれいな雀であり、シルクのハンケチであるのが、傍へよるとゴテゴテと絵の具が塗ってあって、少しも綺麗ではないのです。一体絵描きというのはどんな計算をしているのだろうと不思議に思いました。

また、別の展覧会で見た「ぶどう」の絵や「ほおずき」の絵は光が透き通っていました。こんなことは神業ではないかと思ったものです。NHKの絵画教室で見たバラの生け垣の描き方では、筆先でちょいちょいと赤い色を塗っていくだけで小さなバラに見えます。絵描きが「たえず観察していると描けるものなのです」といったのが印象的でした。

そんな折に「水彩で描く」という広告が目に入りました。画材もついてくるということで、これなら画材に頭を悩ますことがない、すぐに絵が描けるだろうと素人の浅はかさで申し込みました。

家に第一巻が届きました。広告の通りパレットと絵の具がついていて、筆も入っています。ですが、本を開いて躊躇してしまいました。「心に響く絵を描くコツとポイントを解説」とあり、次のページには「水彩画を上手に描くのにはしっかりした基本技法を身につけ云々」とあるではありませんか。これでは簡単に水彩画が描けるはずはないぞ、と一歩も二歩も後ずさりしました。そこにはデッサンから色つけまでがいとも簡単に描いてありましたが、この一ページを真似するだけでも大変だと思うと水彩画への興味が萎《しぼ》んでしまいました。

ですがその後も本は四十回取り寄せました。ところがそれで終わりのはずが、まだまだ続くというのでホントウにあきらめてこの段階で水彩画と縁を切ることにしました。本を読んでみるとやはり絵描きというのは天才なのだと改めて思いました。学校へ三カ月通って色の合わせ方を学び、あとは独学で絵描きになる人もあったのです。

水墨画——一度ならず二度までも

人間という生き物はよくよく懲りないように出来ているらしい。

「水彩で描く」で才能のないことがわかったはずなのに、「誰でも書ける水墨画」という文字に吸い寄せられてしまいました。

筆と墨さえあったら書けるのやないか。そんなケチな根性も手伝って水墨画をやってみることにしました。

ですが、最初は肘をつかずに筆で直線を書く練習をしなければなりません。硯《すずり》はリサイクルショップで安いのを買ってきましたが、安物だからか墨がなかなかおりてきません。友達に聞くと「それはプラスチックではないか」といいます。

そこで硯にナイフで傷をつけて使いました。こんな根性で水墨画とはおこがましいと少し気が引けるようでした。筆への墨の含ませ方によって濃淡がでるのはわかっていますが、それがなかなかうまくいかないのです。

河川敷で松の写真を撮影してきたのですが、わたしにはそれを絵にする能力がありませんでした。写実ではなくて嘘がなければということはわかるのですが、その嘘が考えられないのです。これでは下書きを自分で書くことはできません。

端渓《たんけい》の硯も墨もなにかせん　筆もつ人のなかりせば　　松之助

日曜大工

父親の仕事場で木切れを集めて遊んでいたからでしょう、木切れを見るとなにか組み立ててみたくなります。つまらぬところに血を引いたものですが、そう思ってしまうものは仕方ありません。

小学生の頃に木工の時間というのがありました。炭入れを作ったのですが、父親は「お前らの作ったものが使い物になるか、木がもったいないわ」といって、自分でサッサとこしらえてしまいました。

学校での採点は0点でした。本職が作ったのは丸わかりなのです。父親は仕事が休みの折にはそんな炭入れや、塵取りをこしらえて得意先に届けていました。

わたしは戦争中に下駄をこしらえたことがあります。ミシン鋸がないので刳《えぐ》りぬくことができません。材料も粗末なものでしたが、それでも私のこしらえた下駄は履き心地がよいと評判でした。

日曜大工といっても、大きなものでも本棚が最高で、わたしは小さなものを作るのが好きです。台所に棚を吊って段取りよく動けるようにしたり、日よけの波板を貼ったり、トタンのペンキを塗り替えたりするといった類です。

阪神大震災の時に部屋の壁が半分ほど落ちましたが、そのときに「綿壁」というのを買ってきて壁の補修をわたしがやりました。

ダンボールで機関車のターンテーブルをこしらえたり、ケーブルカーの線路を書いてやったり。本当は孫にこしらえているのではなくて、それをこしらえている時間は自分が子供の時に帰っているのです。

運転免許をとる

五十歳で奇跡的にお酒がやめられて、さてなにもすることがない。前々から原付には乗ってみたいと思っていたので家内にそう話すと「原付みたいなもんは無駄や。一人しか乗れないし雨が降っても乗れない。それならいっそのこと車の運転免許をとったら」といわれ、半ば強制的に自動車教習所に通うことになりました。

教官が運転して場内を一周まわり、「さあ」といいます。わたしは最初この「さあ」が何を意味するのかわかりませんでした。

これが車を運転せよということだと知って驚きました。車のハンドルなんていままで一度も触れたことがありません。まして一周まわっただけで「さあ」といわれて運転なんかできるものかと思いましたが、教官がいうのだからとしぶしぶハンドルを握りました。

フロントガラスがやけに大きく見えたのが印象的でした。車の先端が中心といわれても納得がいきませんでした。そんなこんなでソロソロと構内を何周かまわりながら、停止や発進の練習をしました。もう緊張でクタクタです。練習では縦列駐車がなかなかできませんでした。指導員は、

「いっぺん車から降りてみィな、今日はええお天気や、鳶《とんび》が舞うてる。こんな年で車の運転というのが間違いや」

といって、煙草の輪をプーッと吐き出しました。

そうしているうちになんとか仮免許の試験まで漕ぎ着けました。構内をひとまわりして、

「うまいこといけた」

と思っていたら、

「明石さん、いまの運転は遊園地の自動車の運転です」

といわれてしまいました。法規もなにも無視してただ走っただけだったのです。ようやく三回目で仮免許の試験に通り、学科試験を受けました。JR明石駅の近くにある教習所へ行くのです。

「JR甲子園口駅のタバコ屋の、試験問題集(千円)なら一発合格ですよ」

と教えてくれた人がありましたが、わたしはケチって他所で五百円のを買いました。結果は不合格です。すぐにJRの駅前へいって千円の問題集を買い、翌日試験を受けにいったら合格しました。「一文おしみの百失い」を実際にやったようなものです。

教習所の費用をいくらかでも取り返してやろうと、「自動車教習所」という落語を一夜づけでこしらえ、ラジオ番組に出ました。いくらかでも元が取り返せたような気になりま

した。楽屋の後輩が「五十二才で免許をとるやなんて、健康ボケ老人ですね」といいました。ある夜、事故に遭いました。相手が一方通行の反対側からやってきて、車の右側から衝突してきたのです。もう少し後ろならわたしが当たっているところでした。相手は「警察にはいわないでください。免許停止になるので。すべて弁償しますから」といわれた。が、相手は事故の常習者でした。裁判所までいったが、証拠になるものがないので、裁判にならなかった。相手の弁護士のいうままに終わってしまいましたが、人を騙すよりは騙された方がまだましだと諦めました。

車の運転ができるので宝塚歌劇を見に子供をつれていきました。宝塚が『ベルばら』の人気で沸いていたときでした。駐車場の係員に、

「師匠、芸は達者やけど運転は下手でんな」

といわれたりしました。

いまはもう自分で運転することはありません。七十歳で自分の運動神経が鈍っているのに気がついて免許証は返すことにしたのです。

ハイキング

どうも人からすすめられると断れないところがあるらしい。プールで心安くなった人から登山をすすめられました。ところが年齢制限があって六十五歳までとのこと。わたしはこのとき七十五歳で制限年齢を十歳も過ぎていましたが、特別に加入させてもらいました。

初めて行ったのは三峰山という山だったと記憶しています。ハイキングのつもりで、軽装でにぎり飯に水のボトル一本で出かけました。山にかかると道に迷ったらしいといいます。渓谷づたいに足をすすめたが、途中から山腹をよじ登るような格好になりました。誰かが「これは初級やない、中級や」といいました。わたしは内心驚きました。初心者に中級の登山とは。しかし団体行動であるから引返すこともできません。息も絶え絶えにようやく頂上に到着しました。それから尾根づたいに歩いたのですが、起伏が激しくて危うく足を取られそうになりました。息も苦しくなってきていましたが、そんな弱音は見せたくないと汗ダクダクで皆と歩調を合わせて歩きました。

やっとの思いで私鉄の駅についたときにはジュースをたてつづけに三本も飲みましたが、それでも足りませんでした。汗が出て水分が体内になくなっていたのでしょう。夜十時過ぎに息苦しくなったので、タクシーを呼んで病院へ行き、医師に訳を話すと、傍らにいた看護士が、「その年齢でアホやがな」とあっさりいわれてしまいました。そんなことがあったのにもかかわらずそれから三度ほど山登りに行きましたが、これは自分の体に合わないと思ってやめました。なんせ新神戸駅の裏山に登っただけで息が切れてしまうのですから。しかし登山用具は一揃え買っています。よく確かめないですぐに道具だけを揃えたがるのはわたしの悪い癖です。登山靴は履く人もなくいまも納屋に無聊《ぶりょう》をかこっています。

おわりに

あなたは「運命を信じますか」と尋ねられたら、わたしは即座に「信じます」と答えます。わたしの今日まで生きてきたことを振り返ってみて、はっきりと「信じています」と答えられるのです。

まずこの国に土木建築の父親と髪結いの母親のあいだに生まれてきたというのは、わたしがそれを希望して実現したことではありません。もし自分の希望で生まれる家を指定できるのなら、アラブの大富豪を指定したでしょう。

自分で選べないというのは、何かの力が運命として働いているとしか思えないのです。生まれることも運命かもしれません。この世を見ぬままにあの世へいく赤ん坊だってあるのです。

こう考えてきますと、わたしは謙虚に生きなければならないと思うのです。努力することができるのも運命ですし、いくら努力しようと思ってもできないというのも運命だと思うのです。

わたしは第二次世界大戦の前に七人の友達を結核で亡くしています。戦後、医師にレントゲン撮影をしてもらったら、肺に引っ掻いたような傷痕がありました。医師は「これは結核が自然に治った痕ですよ」といいます。これも運命ではないでしょうか。

若い人から中年過ぎの人まで大勢の人が、赤紙一枚で召集された時期にわたしには赤紙が来なかったのは今でも不思議です。空襲に二度遭いましたが、わたしたち親子は助かりました。すぐそばで死んでゆく人を見ながら命ながらえたのです。

落語家になってからも友達や四代目桂米團治師匠の教育を受け、また漫才の人の世話で「宝塚新芸座」へ入れてもらったのも運命だと思います。

わたしが自分で選んでことを運んだのは、「落語家になろう」と「新芸座をやめよう」ぐらいしかありません。後はその時その時の風に任せて生きてきたようなものです。

芸人になって酒でよく失敗しました。それを「松ちゃん、他の者なら早くに馘首《くび》にされてるところや」とよくいわれながらも、吉本の八田さん、中邨さんのお陰ですが、この二人に「松之助をおいておこう」と思わしたものは何か？　それはやはりわたしに与えられた運命ではないかと思っています。

テレビで「楽屋ニュース」という番組がありました。その時にタイトルを「行雲流水のように」とつけてくれたのですが、これには嬉しく思いました。

「いや俺は自分がこう思ってその通りにやってきた」といわれる方もあるでしょうが、それも、そうできたというのが運命ではないでしょうか。

今も記憶に残っていますが、以前に大きな飛行機の事故がありました。この時の話はまさに「運命」の現れだと思います。事故を起こした飛行機に乗り遅れて助かった人、キャンセルのチケットでその飛行機に乗った人、乗り遅れた人のなかには家の風呂場で石鹸で滑って亡くなった人もいました。

さんまがテレビ番組「花の駐在さん」を収録するのに、事故の起きる前の週までその飛行機に乗って大阪へ来ていたのですが、その日から収録日が変更になって、助かったのです。さんまは一日中体の震えが止まらなかったといってました。

これらはみな運命という言葉でしかいいようがないと思います。それなら一体その運命という力はどこから来るのでしょうか。地球上のものを動かしている、大自然の力、また神という言葉を使うより仕方がありません。

「人事を尽くして天命を待つ」という言葉があります。精一杯の努力をしてもそれが叶えられないときだってあるのです、そのときに人は「俺は不運だ」と嘆きますが、「これが俺の運命だ」と思えば少しは気が楽になるのではないでしょうか。

「それは怠け者の考えだ」といわれるかもしれませんが、そうではありません。人間にはどうあがいてみてもどうにもならないことが沢山あるのです。それを素直に受け取るか、

「いやだ、いやだ」と抵抗して苦しむかはその人の考えによるのですが、苦しさから逃れようと神頼みをするのも無駄なことだと思います。それは草や木を見ていてもわかります。草や木は何の不足もいわずに、自分を生きています。人間もこのように生きられたらと思うのです。

笑福亭松之助

しょうふくてい・まつのすけ

1925年、兵庫県神戸市生まれ。本名、明石徳三（あかし・とくぞう）。楠尋常高等小学校卒業。戦時中は三菱電機神戸製作所に勤務。終戦後、落語家を志し、1948年に五代目笑福亭松鶴に弟子入り。落語家と役者の垣根を越えた「芸人」としてテレビ、舞台などで幅広く活躍する。1959年、『吉本ヴァラエティ』（後の吉本新喜劇）に出演し、作・演出・主演の三役をこなす。1973年、明石家さんまが弟子入り。1996年、テレビ朝日系『ニュースステーション』にコメンテーターとしてレギュラー出演。近年は俳優として、映画『岸和田少年愚連隊』『学校の怪談4』『RAILWAYS』、TVドラマ『藤沢周平の人情しぐれ町』『獄門島』など数多くの作品に出演している。

草や木のように生きられたら

2016年4月15日初版発行　2019年3月16日2刷発行

著者　笑福亭松之助

発行人　内田久喜

編集人　松野浩之

編集協力　南百瀬健太郎
竹内 厚
五味幹男

装丁　武藤将也(NO DESIGN)

発行　ヨシモトブックス
〒160-0022　東京都新宿区新宿5-18-21　☎03-3209-8291

発売　株式会社ワニブックス
〒150-8482　東京都渋谷区恵比寿4-4-9　えびす大黒ビル

印刷・製本　株式会社光邦

ISBN978-4-8470-9424-8